ERDEMLİĞİN İNCİLERİ

Tüm nesillerde yaşamış
Yüce Kabalistlerin sözleri

MICHAEL
LAITMAN

ISBN: 978-1-77228-072-2
© Laitman Kabbalah Publishers

YAZAR : **Kabalist Dr. Michael Laitman**
KİTABIN ÖZGÜN ADI: **Gems Of Wisdom**
ÇEVİRİ: Laitman Kabbalah Publishers

www.kabala.info.tr

Kapak: Laitman Kabbalah Publishers
Basım Tarihi: 2023

İÇİNDEKİLER

Yaratılışın Amacı 5
Kabala Bilgeliğinin Özü 21
Kabalist 33
Kabala Dili 47
Kimlerin Kabala Çalışması Uygundur 57
Manavi İlim Neden İnsanlara Verilmiştir 77
Neden Şimdi? 89
Maneviyat ve Sevaplar 107
Kabala İlmini Çalışmadaki Yaklaşım 137
İnsan Sevgisinden Yaradan Sevgisine Gelmek 145
İnsanın Doğası ve Yaradan'ın Doğası 153
Özgür Seçim 171
Gruptaki Manevi Çalışma 185
Gerçeğin Algılanması 203
Bu Kitapta Adi Geçen Kabalistler 225
Kabala İle İlgili Yazan Araştırmacılar Ve Filozoflar 235

Yaratılışın Amacı

YARADAN MUTLAK İYİLİKTİR

Şunu anlamalıyız ki Yaradan, özünde kusursuzdur ve herşeyi başlatan olması sebebiyle, tamamlamak için kimsenin yardımına ihtiyacı yoktur. Öyleyse şu açıktır ki onun alma arzusu yoktur. Alma arzusu olmadığından dolayı, birisine zarar verme arzusundan da yoksundur. Bu, bu kadar basittir.

İlk olarak şunu kabul etmeliyiz ki O yarattıklarına iyilik yapma arzusundadır. Bu, gözlerimizin önüne serilen O'nun yarattığı mükemmel yaratılıştan açıkça bellidir. Bu dünyada deneyimlediğimiz bazen mutlu bazen mutsuz tüm hisler hep Yaradan'dan gelir. Yaradan'ın doğasında kesinlikle zarar vermek yoktur, yaratılanlar ondan iyilik alır, çünkü sadece ihsan etmek için onları yaratmıştır.

Bu nedenle, O sadece iyilik ihsan etmek ister ve doğasından yayılan bu iyilikten dolayı, zarar vermesi kesinlikle imkânsızdır. Bu nedenle O'nu "Mutlak İyilik" olarak tanımlıyoruz.

Baal Hasulam "Dinin Esası ve Amacı"

YARATILIŞIN AMACI NEDİR?

İnsan yaratılışın merkezidir.

Baal Hasulam "Zohar Kitabına Giriş" 18

Bütün dünyaların ve yaratılışın amacı, sadece insan içindir.

Baal HaSulam "Zohar Kitabına Giriş" 39

Erdemliğin İncileri

Yaradan'ın amacı, yarattıklarına ihsan etmektir ki böylece O'nun büyüklüğünü ve hakikatini bilsinler ve onlara sunduğu tüm haz ve mutluluğu alabilsinler.

Baal HaSulam "Zohar Kitabına Giriş" 39

İnsanın, dostunu hissettiği gibi Tanrısallığı da hissedebilmesi için niteliklerini geliştirene kadar, kâinatın her hareketi, her köşesinde, insanları yükseltmek amacıyla noksansız olarak önceden düzenlenmiştir. Bu yükselişler, amaç gerçekleşene ve tamamlana kadar derece derece çıkan bir merdivenin basamakları gibidir.

Baal HaSulam "Dinin Esası ve Amacı"

Yaradanın yarattığı bu düzenin amacı nedir? Bunun amacı insanı daha büyük ve yüksek bir dereceye çıkarmak, ona bahşedilen tanrısallığı hissetmesini sağlamaktır. Böylece insan, dostunun arzularını bilip hisseder gibi Yaradan'a ulaşan yolları da öğrenir.

Baal HaSulam "Kabala Öğretisi ve Özü"

Yaratılıştan bu yana Yaradan'ın amacı, Tanrısallığını ortaya çıkarmaktır. Bunun sebebi, O'nun Tanrısallığının ifşası, insana istenilen dereceye gelene kadar gelişmesi için, hoş bir armağan gibi ulaşır.

Ve böylelikle aşağıdakiler gerçeği görüp yükselirler ve O'nun için öncü olurlar ve O'na tutunurlar ta ki son bütünlüklerine ulaşana kadar : "Gözlerim Sen'den başka bir Tanrı görmedi "

Baal HaSulam "Yaradan'ın İfşası"

İnsan hakikati, mutlak ve sonsuz bilgelikle inşa edilmiştir. Yaradan, tam ihtiyaç duyuldukları yerde varlıklarını sürdüren, hiçbir şekilde gereksiz olmayan, birçok iyi, daha iyi, mükemmel varlıklar yaratmıştır ki insandan istediği, yaratılıştan gelen tüm eksikliklerini düzeltmesi ve Yaradan'ın kutsallığına tutunana kadar adım adım kendini yükseltmesidir. Tüm nesillerde O'ndan uzak olunabilecek ve O'na yaklaşılabilecek koşulların olduğu haller vardır. Gerçekte bunlar çok büyük ve derin meselelerdir ve tam bir bütünlüğe gelebilmek için, bu enkarne ile (tekrar cisimlenme) düzenlenmiştir.

Ramhal, Daat Tevunot (Aklın Bilimi)

İnsan cennetleri yükseltmek için yaratılmıştır.

Kotsek'li Kabalist Menahem Mendel

Yaratımın amacına paha biçilemez, öyle ki küçük bir kıvılcımla insan ruhu, elçi meleklerden daha yüksek bir seviyeye gelebilir.

Baal HaSulam "Hizmetçi Hanımının Varisidir"

Dünyanın yaratılış amacı, Yaradan'ın krallığının ifşasıdır ki, ulus olmadan kral olmaz.

Liadi'li Kabalist Şıneor Zalman, "Birliğin Kapısı ve İnanç"

Erdemliğin İncileri

Bizim nihai amacımız Yaradan'la bir olmak için vasıflarımızı artırmak, O'nun amacı ise bizimle bağ içinde olmaktır.

Baal HaSulam "Dinin Özü ve Amacı"

Vücutla kıyafetlenen ruhun amacı, köküne dönerek Yaradan'a tutunmaktır. Şöyle yazdığı gibi "Yaradan'ı sevmek, O'nun yolunda yürümek ve O'na tutunmak"

Baal HaSulam "Mektuplar" Mektup 17

Her insan ruhunun köküne ulaşmaya mecburdur.

Baal HaSulam "Çalışan Akıl"

Bu şöyledir ki bütün yaratılışın amacı, insanın Yaradan ve ıslaha yönelerek, Yaradan ile bütünlükle ödüllendirilene kadar giderek gelişip yükselmesidir.

Baal HaSulam "Yaradan'ın İfşası" 6. Madde

Kendisini Yaradan'a doğru yönlendiren ruhların anlamı şudur ki onlar Yaradan'ın bir parçasıdır. Ruh, sebep-sonuç ilişkisiyle kademeli olarak bu dünyaya gelmeye uygun hale gelene ve bu cismani vücudun içinde kıyafetlenene kadar derece derece düşürülmüştür.

İnsan, Yaradan'ı takip ederek ve onun kurallarını idrak ederek, Bütün'den ödülünü almak için, gelişimini tamamlayana kadar derece derece yükselir. Bu onun ilerlemesi için önceden hazırlanmıştır, bu şu demektir; 613 sevap denilen Yaradan'ın adları yoluyla O'nu idrak etmektir.

Baal HaSulam "Bir Bilgenin Ağzından kitabının Önsözünden"

Bütün yukarıdaki, aşağıdaki dünyalar ve içindeki herşey insan için yaratılmıştır. Bu böyledir çünkü tüm bu dereceler ve dünyalar, Yaratılış Felsefesi'ne rağmen eksik olan Birlik ölçüsünü tamamlamak için vardır.

Başlangıçta, insanlar kısıtlanmış ve derece derece, dünyadan dünyaya, ihsan etmek için değil hayvanlar gibi sadece almak için, ruhu bu bedene getirilerek bugünkü materyalist dünyaya indirilmiştir. Şöyle yazdığı gibi, "İnsan vahşi bir eşeğin sıpası gibidir." Bu hiçbir ihsan etme formu taşımayan tam bir alma arzusunu olarak bilinir. Bu durumda, insan Yaradan'ın tam zıttı olarak tanımlanır ve bundan daha büyük bir uzaklık yoktur.

Daha sonra, içinde kıyafetlenen ruh vasıtasıyla kişi içselliği ve ıslahıyla ilgilenir. Yukarıdan aşağıya inen tüm sezgiler vasıtasıyla ki bunlar ihsan etme isteği formundadır, yavaşça ve kademeli olarak aşağıdan yukarıya Yaradan ile eş bir ihsan etme formu kazanır.

Her bir üst derece alma arzusundan uzaklaşmak ve sadece ihsan etmeye yaklaşmak demektir. Sonunda, insan kendisi için alma ile değil ihsan etme arzusu ile ödüllendirilir. Böylece O'nunla gerçek birliğe gelir ki bu insanın yaratılış amacıdır. Dolayısıyla, bütün dünyalar ve içindeki herşey insan için yaratılmıştır.

Baal HaSulam "Kabala İlmine Girişe Önsöz" 9. Madde

YARATILIŞIN AMACI TÜM İNSANOĞLUNU KAPSAR

Yaratılışın amacı, istisnasız tüm insanları kapsar.

Baal HaSulam, " Yaradan Sevgisi ve İnsan Sevgisi "

Yaratılış amacı, bütün insanoğlunun omuzlarında yükselir, siyah, beyaz, sarı hiç fark yoktur.

Baal HaSulam "Arvut – Ortak Sorumluluk"

Yaratılış amacı, seçilmiş bir grup için değildir. Aksine, güçlü, yetenekli veya cesur olanlar için değil, istisnasız tüm yaratılanlar içindir.

Rabaş "Grup Hakkında Yazılar, Dost Sevgisi"

Dünyadaki tüm insanlar O'na bağlanır ve O'nun niteliklerine ulaşır.

Baal HaSulam, 55 nolu mektup

Yaradan tüm dünya için ıslah ister. Atalarımızın dediği gibi; "Yaradan'ın her bir kelimesi 70 lisana bölünür" ki bu tüm ulusları bütünlüğe getirmek için Işık'da.

Kabalist Raiah Kook "Raiah'ın Işıkları"

Erdemliğin İncileri

Tüm insanlık, en sonunda mükemmel evrime gelmeye zorlanır. Şöyle yazdığı gibi; "Yeryüzü Yaradan'ın bilgisiyle, suların denizleri kapladığı gibi dolacak. Her insan komşusuna, kardeşine şöyle öğretecek; Yaradan'ını bil, çünkü en küçüğünden, en büyüğüne herkes onu tanıyacak, bilecek. Öğretmen'in artık kendini daha fazla saklamayacak ve senin gözlerin Öğretmen'ini görecek. Ve tüm uluslar O'na doğru gidecek"

Baal HaSulam "Kabala Bilgeliğinin Özü"

Dünya ıslahının sonu, tüm insanların O'nun bütünlüğüne getirilmesiyle olacak.

Baal HaSulam "Arvut"

Her insan ruhunun köküne ulaşmak zorundadır.

Baal HaSulam "İşleyen Akıl"

Manevi çalışmadaki her bir insanın, yarattıklarını mutlu etmek için, O'nun Yaratılış Düşüncesi'nde tasarladığı, tüm harika edinimlere ulaşması garanti edilmiştir. Zohar'da yazdığı gibi, bu yaşamında ödüllendirilmeyen insana, maneviyatla ödüllendirilene kadar, bir sonraki yaşamında bunu elde etmesi garanti edilmiştir.

Baal HaSulam "10 Sefirot'un Çalışmasına Giriş"

Erdemliğin İncileri

YARADAN NEDEN BİZE YARATILIŞ SORUMLULUĞUNU VERİYOR

Eğer manevi çalışmanın ve tüm yaratılışın amacı, insanlığı bu muazzam yüceliğin değerine yükseltmek ve Yaradan'a tutundurmaksa, manevi çalışma ve ıslah olma çalışmasıyla zorluk vermek yerine, başlangıçta bizi bu yücelikte yaratmalıydı.

Bunu atalarımızın sözleriyle şöyle açıklayabiliriz: "Sana ait olmayanı yersen, kimsenin yüzüne bakamazsın." Bu şu demektir; Başkalarının emeğiyle beslenen kişi kendi formuna bakmaya utanır çünkü o insan formunda değildir.

Çünkü O'nun bütünlüğünde eksiklik yoktur, O, kendi çabamızla bütünlüğe gelmekten haz alalım diye, bu düzeni hazırlamıştır. Bu nedenle bizi bu değersiz formda yarattı. Manevi çalışma ve kişisel ıslah, bu değersizlikten bizi yükseltir ve yüceliğimize kendimiz ulaşırız. Böylece O'nun cömert eliyle bize gelen bu haz ve mutluluğu bir hediye olarak değil, bizzat bu hazzın sahipleri olarak hissederiz.

Baal HaSulam "Yaradan Sevgisi ve İnsan Sevgisi"

Yaradanın niyeti ile ilgili olarak bilmemiz gereken ilk kural şudur ki O iyilik yapmak ister. O, O'ndaki iyiliği alabilecek varlıklar yaratmayı diledi. Ve bu iyiliğin tam olması için, yaratılanlar bunu bir bağış gibi değil, doğru bir şekilde almalılar ki kendilerinin olmayanı yiyenler gibi utanç duymasınlar.

Yaradan ödüllendirmek için, onların düzeltmek zorunda oldukları (ki O'nun ihtiyacı olmayan şey) ve düzelttiklerinde ödüllendirilecekleri bir gerçeklik yarattı.

Ramhal "Aklın Bilgisi"

Erdemliğin İncileri

Kural şudur: Yaradan kendini kısıtlar, bu şu demektir; O gücüyle değil daha ziyade bunu amaçladığı ve arzuladığı için, onları yaratırken kendi büyüklüğünü kısıtlamıştır. Onlar kendilerini bütünlüğe getirebilsinler diye, onları eksiklikle yaratmıştır, böylece çaba harcayarak bütünlüğe gelmek onlar için bir ödül olacaktır. Bütün bunların sebebi, O'nun mükemmel iyiliği istemesindendir.

Ramhal "Aklın Bilgisi"

Bütün yaratılışın amacı, manen gelişme ve yücelmeyi idrak ederek Yaradan ile bütünlükle ödüllendirilene kadar, gittikçe gelişerek yükselmektir.

İşte burada devreye Kabalistler ve şu sorular girer; Niçin başlangıçta bu yüksek seviyedeki birleşmeyle yaratılmadık? Neden, yaratılışın bu amacıyla, manevi çalışma ve sevapla sınırlandırıldık? Kabalistlerin cevabı şudur: "Kendinin olmayanı yiyen, kendi yüzüne bakmaya korkar." Bu şu demektir, arkadaşının hakkını yiyen ve bundan haz alan kişi, kendi yüzüne bakamaz çünkü insan olma vasfını kaybedene kadar gittikçe küçülmüştür. Yaradan, kendi bütünlüğünde bir eksiklik olmadığından, ruhumuzu yüceltmek için çalışarak kendi yüceliğimize kendimiz gelebilmemiz için bize olanak sağlar.

Baal HaSulam "Yaradan'ın İfşası"

Tüm bu yapının üzerinde durduğu ana temel olan Yüksek İradenin arzusu, insanın, kendisi için yaratılan bütünlüğe gelmesidir ki bu onun hedefi ve ödülü olsun. İnsanın hedefi bütünlüğü elde etmek ve ona bağlanmak için emek harcamak ve ona ulaştığı zaman çalışmasının meyvelerini ve payını severek almak. Ödülü ise sonunda tam bir bütünlüğe gelerek ve sonsuzluk hazzını duymaktır.

Ramhal "Aklın Bilgisi"

Dünyaların yaratılış amacı, yarattıklarına haz vermek ise, neden o zaman Yaradan bu cismani, düzensiz ve acı çektiren dünyayı yarattı? Dünya olmadan, istediği kadar ruhları mutlu edebilirdi. Neden bu Ruh'u, bu bozuk ve değersiz vücut'a getirdi?

Kabalistler bunu şöyle açıklar; karşılıksız bir hediye utanç verir. Ruhları bu utançtan ayırmak için, O bu dünyayı yarattı ki burada manevi bir çalışma vardır. Böylece onlar yaptıklarından hoşnut olarak, çalışmalarının karşılığında Bütün'den paylarını alırlar ve utancın suçundan sıyrılırlar.

Baal HaSulam "On Sefirot Çalışması"

YARADAN NEDEN KENDİNİ İNSANDAN GİZLEMİŞTİR?

Yaradan'ın neden insanlardan gizlendiği şöyle açıklanır: İnsanların maneviyatı edinmelerine ve ona seçimsiz olarak ruhunu yüceltmek ve bilinçle bağlanmasına olanak vermek için kasıtlı olarak gizlenmiştir. Bu böyledir çünkü insanların kendi çabaları ile manen yücelmeleri ve O'nu edinmeleri, Yaradan'a hiçbir seçimi olmayan ve manevi hayata mecbur edilmiş meleklerinden duyduğu memnuniyetten daha çok memnuniyet verir.

"On Sefirot Çalışmasına Giriş" 80.Madde

Erdemliğin İncileri

Eksiklik sadece Yaradan'ın yüzünün gizliliğinden doğar, O başlangıçta yarattıklarının mükemmel olması için yüzünü onlara çevirmek istemez, ışığını onlardan gizler ve onları eksik bırakır, çünkü Kral'ın Işığının yüzü kesinlikle hayattır ve onun gizliliği her türlü kötülüğün kaynağıdır.

Bununla birlikte, gizliliğin amacı, gizlenmek değildir. Tam tersi, bu gizlilikten doğan her kötülüğü, iyiliğe dönüştürmek için daha sonra ifşa olacaktır. Bu nedenle Yaradan, gizlenmiş iyiliğini insanlar eylemleri vasıtasıyla ifşa etsinler diye düzen ve kanunlar tesis etmiştir. Bunlar O'nun bize verdiği kanunlar ve doktrinlerdir. O'nun kanunu gerçeğin kanunudur ki insan bunu uygularsa, (sevap ödülü için) sonsuzlukta onunla yaşayacaktır ve bu sevaptır. Bu yaratılışın başlangıcında insandan gizlenen, O'nun yüzünün ışığıdır.

Bu nedenle, insan hayat ışığından uzakta olduğunda her türlü hata ve kötülük ona hükmettiğinden, O bu zorlu çalışmayı yarattı. Ve sevabın pratiği insanın üstüne gizli Işığı getirir, sevap tamamladığında, bu hayatta Işık'la bütünlüğe gelir.

Ramhal "Aklın Bilgisi"

Ödülün özündeki harika şeyleri onlara söylediğinde, onlar kendileri için elde edecekleri harika ödül için mutlaka maneviyatı kullanmak ve hükmetmek isteyeceklerdir. Bu, bencil arzular için yapılan bir çalışma olur. Ve sonucunda bütün amacı bozarlar.

Baal HaSulam "Arvut Ortak Sorumluluk"

Erdemliğin İncileri

Yaradan kesinlikle iyiliğin somut örneğidir. Gerçekte bu "iyilik için iyilik" kanunudur ve iyilik yapabileceği varlıklar yaratmak O'nun arzusudur çünkü alıcı yoksa iyilikte yoktur. İyiliğin tam olması için, "O" yüce bilgeliği ile bilir ki alıcılar bunu kendi çabalarıyla alırlarsa bu mükemmelliğe sahip olurlar ve bunu alırken başkasından sadaka alanlar gibi utanmazlar.

Ramhal (Aklın Bilgisi)

Hazzı ve mutluluğu almak ve bu hazzı almaktan doğan utançtan kaçınmak için bir ıslah yapılmıştır. Islah, Üst Işığın kısıtlaması ve gizliliğidir. Kişinin alma arzusu ıslah olmadan önce, Üst Işık ki bu ihsan etmedir ifşa olmaz. Bu sebeple mutluluk ve haz için yöneldiğimiz sevabın tadını, alma arzusu üzerindeki utanç duygusundan kaçındığımız için hissedemeyiz. Bu, "alma arzusu üzerine ihsan etme arzusuna sahip olmak" denilen ıslahın var olmasının sebebidir, aksi taktirde gizlilik bu edinimi örter.

Rabaş Yazıları "Çalışmadaki Kutsallık ve Saflık"

Her bir ruh, önceden düzenlendiği gibi zaten Işığın, erdemliğin ve sonsuzluğun içindedir. Utançtan dolayı vücudun içinde kıyafetlenene kadar ruh kısıtlanır ve O'nun gücüyle tekrar kısıtlanmadan önceki köküne -yaptığı tüm zor yolculuğun sonunda aldığı ödülle- döner. Ve bu ödül gerçek birliktir. Bu şu demektir, kişi utançtan kurtulur çünkü alma kabı ihsan etme kabı olur ve formu Yaradan'ın formuna eşit olur.

Baal HaSulam, Mektup no 25

Erdemliğin İncileri

YARADAN'IN YÖNLENDİRMESİ AMAÇLI BİR YÖNLENDİRMEDİR

Eylemin sonunu test etmek için tek yol, Yaratılış amacıdır. Çünkü birşey sürecin ortasında değil sonunda anlaşılır.

Baal HaSulam "Zohar'a Giriş" Madde 4

Yaradan mutlak iyiliktir. "O" bizi, hiçbir kötülük taşımadan tam bir iyilikle ve amaçlı bir yönlendirme ile izler. Bu, şu demektir; O'nun yönlendirmesi bizi, sebep-sonuç ilişkisiyle başlayan ve sonuçlanan birçok evreden geçirip, arzulanan erdemliği elde etmek için, niteliklerimizi geliştirmeye bizi mecbur kılar. Ve sonra, amacımıza tıpkı olgun ve güzel gözüken bir meyve gibi ulaşırız.

Baal HaSulam "Dinin Özü ve Amacı"

Yarattığı realitedeki yönlendirme, gelişim evrelerinin sırasını dikkate almadan yapılan bir yönlendirmedir çünkü bu evreler her zaman son formlarına zıt olduğu için bizi kandırır ve amacı anlamamızı engeller.

Bu durumda şöyle deriz "Tecrübeli olan kadar akıllısı yoktur" Sadece tecrübeli olanın Yaratılışın tüm gelişim evrelerini, bütünlüğün yolunda deneyimleme şansı vardır böylece sakin bir şekilde, gelişim safhalarında geçirdikleri bozukluklardan korkmadan, saf ve duru bütünlüğe inanırlar.

Baal HaSulam "Dinin Özü ve Amacı"

O'nun ilahi yönetimi sadece amaçlı bir yönlendirmedir. Tüm yaratılış bütünlüğe, son olgunluğa, gelmeden iyiliğin nitelikleri tam anlaşılmaz. Buna karşılık bizler her zaman bozuk formu görürüz.

Baal HaSulam " Dinin Özü ve Amacı"

Bize sunulan Doğa'nın tüm sistemlerinden şunu anlıyoruz ki varlıkların dört hali –cansız, bitkisel, hayvansal ve konuşan- bir bütün olarak O'nun amaçlı yönlendirmesidir ki bu, sebep-sonuç ilişkisiyle, yavaş ve kademeli olarak büyür, tıpkı ağaçta tatlı ve güzel olana kadar büyüyen bir meyve gibi.

Bir botanikçiye gidin ve sorun ilk oluşmasından, tam olgun olana kadar bir meyve kaç evreden geçer. Bu evreler onun olgun ve güzel olmasının sadece sebebi değil aynı zamanda sonunda ortaya çıkan harikalığın göstergesidir.

Bir meyve gelişiminin ilk aşamalarında ne kadar çirkin ve acıysa, sonunda da o kadar tatlı olur.

Baal HaSulam "Dinin Özü ve Amacı"

İnsanlığın durumundaki bozuk gidişat iyi durumlara yol açar. Her bir iyi durum, bozuk koşuldaki çalışmanın meyvesinden başka bir şey değildir. İyi ve kötü haller, gerçekte o durumun değeri değildir, ama genel amaç olarak, İnsanlığı amaca yaklaştıran her bir koşul iyi olarak, amaçtan uzaklaştıran da kötü olarak kabul edilir.

Bu şekilde "Gelişimin Kuralı" inşa edilir. Bir durumda ortaya çıkan bozukluk ve zayıflık, iyi durumun üretici gücü olarak bilinir ki böylece bu durumdaki kötülüğün büyümesi için yeteri kadar uzun süre geçer ve toplum artık buna dayanamaz hale gelir. Bu durumda, toplum buna karşı birleşmeli, onu yok etmeli ve nesillerin iyiliğe gelmesi ve daha iyi bir hal için organize olmalıdır.

Yeni durum, kötülüğün kıvılcımları olgunlaşana kadar sürer ve öyle bir duruma gelinir ki insanlar artık buna katlanamaz hale gelir, bu noktada imha edilmelidir ve onun yerine daha rahat bir durum inşa edilir. Böylece bu koşullar, teker teker ve derece derece hiçbir kötülük kıvılcımı kalmayana kadar temizlenir.

Baal HaSulam "Barış"

Kabala Bilgeliğinin Özü

HAYATIN SORUSU

Eğer bu en bilinen soruyu cevaplamak için kalbinizi dinlerseniz, eminim ki bütün soruların ve şüphelerin kaybolduğunu ve geldikleri gibi gittiklerini göreceksiniz. Canımızı sıkan bu soru, bütün dünyanın sorduğu bir sorudur, yani "Hayatımın anlamı ne?" Diğer bir deyişle hayatımızın sayılı yılları bize çok pahalıya patlar, düzeltmek için uğraştığımız onca acı ve sıkıntı. Kim bundan hoşlanır ki? Ya da daha açıkça sorarsak, ben kimi hoşnut edeceğim?

Şu bir gerçektir ki tarihçiler bunu düşünmekten sıkıldılar, özellikle de bizim neslimizde. Kimse bu sorunun cevabını düşünmek istemiyor ama yine de her zaman bu soru olabildiğince acı verici bir şekilde, hararetle önümüzde duruyor. Bazen davetsiz olarak karşımıza çıkıyor, bazen biz tekrar hayatın içinde akıp gidene kadar, gelip aklımızı karıştırıp bizi bozguna uğratıyor.

Bu gizemi çözmek için şöyle yazar, "Yaradan'ın iyiliğini gel ve gör"

Baal HaSulam, "On Sefirot Çalışmasına Giriş"

BU İLİM NEYLE İLGİLENİR?

Basit görünen, fakat herkesin el yordamıyla aradığı, üzerine çok mürekkep dökülen, açığa çıkarmak için çok gayret edilen ama henüz yeterli bir bilgiye ulaşılamayan birkaç meseleyi açıklığa kavuşturmak istiyorum.

    1.   Özümüz nedir?

2. Realitenin uzun zincirindeki rolümüz küçük bir halka olarak, nedir?

3. Kendimizi incelersek, bozuk ve olabildiğince aşağıda olduğumuzu görürüz. Bizi yaratan Operatör'ü incelersek, "O" mükemmel olduğu için, bizim en yüksek derecede olmaya mecbur olduğumuzu görürüz çünkü mükemmel operasyonlar, mükemmel operatörden çıkar.

4. Sağduyumuz O'nun karşılaştırılmayacak ölçüde tam bir iyiliksever olduğunu, kabul eder. Öyleyse neden "O" hayatlarında bu kadar çok acı çeken, mücadele eden varlıklar yarattı? Bu, iyilik yapmak için iyiliğin yolu değil mi? Ya da en azından bu kadar zarar vermemek?

5. Bu Sonsuz, başı ve sonu olmayan, nasıl olurda sonu olan, ölümlü, kusurlu varlıklar yaratır?

Baal HaSulam "Zohar Kitabına Giriş"

Tüm Kabala ilmi, Üst Güç'ün yönetimini bilmek içindir. Neden tüm bu varlıkları yarattı, onlardan ne istiyor ve dünyanın bu döngülerinin sonu ne olacak?

Ramhal, "İlmin Kapısı"

Kabala ilmi nedir? Bir bütün olarak Kabala ilmi, Tanrısallığın, bu zamanın sonunda tüm yönleriyle -görünmesi ve ifşası zorunlu olan - ifşası ile ilgilidir.

Baal HaSulam "Kabala Öğretisi ve Özü"

Erdemliğin İncileri

Bu ilim, ne hakkındadır? Bu soru her sağ-merkezli insanın aklına gelir. Bunun için, çok güvenilir bir tanım sunacağım: Bu ilim, köklerin sebep-sonuç yoluyla yukarıdan aşağıya dizilen bir zincir gibi, önceden belirlenmiş sabit kurallarla iç içe geçmiş tek bir "bu dünyada Yaradan'ın yarattıklarına ifşası" denilen yüce amaçtan başka bir şey değildir.

Baal HaSulam, "Kabala İlmi'nin Özü"

İnsanın bilmesi gereken bu ilim, Yaradan'ı bilmek ve onu dikkate almak ve kendimizi, kim olduğumuzu, nasıl yaratıldığımızı, nereden geldiğimizi ve nereye gittiğimizi, nasıl düzeleceğimizi ve Kral'ın önünde yargılanmaya nasıl mecbur olduğumuzu, bilmektir.

Ruhu bilmek ve dikkate almak. İnsanın içindeki bu ruh nedir? Nereden gelir ve neden bugün bir damla olarak bu vücutta, yarın mezardadır. İnsan, içinde yaşadığı bu dünyayı bilmek, incelemek ve ne için dünyanın düzelmesi gerektiğini öğrenmek ister. Sonra, Üst Dünyaların sırlarını, Yaradan'ını bilmek için idrak edecektir. Ve o bütün bunları Yaradan'nın sırlarıyla görecektir.

"Sulam'ın Tefsiriyle Zohar"

Gerçeğin ilmi, bize evrensel birliği, en tepede olan vasıtasıyla tüm yaratılışta olan eşitliği ve tüm engellere rağmen bu ışığın yolunda nasıl yürüyeceğimizi ve Yaradan'la form eşitliğini öğretecektir.

Kabalist Raiah Kuk "Kutsallığın Işığı"

KABALA İLMİ DÜNYADAKİ TÜM İLİMLERİ İÇİNE ALIR

Kabala İlmi, dünyadaki tüm ilimleri kapsar.

Baal HaSulam "Özgürlük"

Araştırmaların ilmi bittiğinde, Kabala ilmi başlar.

Kabalist Nahman "Moharan'la Konuşmalar"

Bu ilim ile ilgili en hayranlık uyandıran şey, içindeki bütünlüktür: Geniş realitenin tüm unsurları tek olana kadar onun içinde bir araya gelir, Yaradan ve hepsi, beraber.

Baal HaSulam "Kabala Öğretisi ve Onun Özü"

Dünyada başka hiçbir ilim yoktur ki Kabala ilminde olduğu gibi, unsurlar sebep-sonuç ilişkisiyle böylesine iç içe geçmiş, birleşik olsun. Tıpkı uzun bir zincir gibi baştan sona bağlı olarak. Öyleyse, küçük bir farkındalık dışında, tüm ilim karanlıktadır, çünkü onun tüm konuları birbirine kuvvetle bağlanmış, kelimenin tam anlamıyla birbirine geçmiş şekildedir.

Baal HaSulam "Kabala İlminin Özü"

Dünya üzerinde canlılar ortaya çıktığı zaman, hayatları muhteşem bir ilimle yönlendirilir. Dünyada ilahi bereketin olması ve onun aksiyonlarının düzeni ve dereceleri fizik kurallarından

Erdemliğin İncileri

çok daha öte muhteşem bir ilim yaratmak için bir araya gelir. Bu böyledir, çünkü fizik bilimi sadece belirli bir dünyada var olan, belirli türlerin düzenlenmesi bilgisidir. Konusunda tektir ve başka hiçbir ilim ona dahil değildir.

Gerçeğin ilminde ise bu böyle değildir çünkü Yaradan'ın Düşüncesi'nde var oldukları şekliyle tüm dünyalardaki tüm örnekleriyle ve işleyişleriyle birlikte cansız, bitkisel, canlı ve konuşan seviyelerin bilgisidir. Bu nedenle, dünyadaki en büyüğünden en küçüğüne tüm öğretiler şaşırtıcı şekilde ona dahildir, en farklısından ve birbirinden en uzağına, en batısından en doğusuna değişik öğretileri birbirine dengeler. Hepsini eşit kılar, öyle ki her öğretinin düzeni onun yoluna girmeye mecbur kalır.

Baal HaSulam "Kabala İlmi'nin Özü"

Hiçbir hilesi olmayan ve erdemliği diğer öğretilerden daha yüksek olan bu içsel ilim, Kabala İlmi'dir.

Kabalist Şimon Bar Tzemah Doran

Bütün Kabala İlmi, Yaradan'ın ifşası ile ilgili olduğundan, doğal olarak görev açısından, ondan daha başarılı bir öğreti yoktur.

Baal HaSulam "Kabala Öğretisi ve Özü"

Maneviyat kelimesinin anlamı felsefe ile ilgili değildir. Bunun sebebi şudur; İnsanlar görmedikleri ve hissetmedikleri bir şeyi nasıl tartışabilirler? Temel bilgileri neye dayanmaktadır?

Eğer maddesellikten maneviyata gelmenin bir tanımı varsa, bu tanım maneviyatı hissetmiş ve onu edinmiş kişilere aittir. Bunlar gerçek Kabalistlerdir; bu yüzden ihtiyacımız olan ilim budur.

Baal HaSulam "Kabala İlmi ve Felsefe"

Bilim adamlarının elinde, düşünsel bir nesneyi bir şekilde hareket ettirmek için, fiziksel atomlarla olan bağlantısının nasıl olduğunu çözecek bilimsel bir çözümleri yok. Bütün çalışmaları ve derin araştırmaları, onlara maddesel atomla maneviyatın özü arasında geniş ve derin aralığı kapatacak şekilde bir köprü kurmaya yardım etmeyecek. Ayrıca bilim, tüm bu doğaüstü metotlardan hiçbir şey elde edememiştir.

Bilimsel yaklaşımdan bir adım öteye geçmek için, sadece Kabala ilmine ihtiyacımız var. Bunun sebebi dünyadaki tüm öğretilerin Kabala ilmine dahil olmasıdır.

Baal HaSulam "Özgürlük"

KABALA İLMİNDE GERÇEKÇİLİK VE UYGULANABİLİRLİK

Ruhsal olan her şeyin değeri onu bilmekten geçer.

Baal HaSulam "Mektup 17"

Kabala'nın dilinin soyut adlar kullandığını düşünmek, ciddi bir hatadır. Aksine, sadece gerçeğe dayanır. Kuralımız şudur: Edinmediğimiz bir şeyi, adlandırmayız.

Baal HaSulam "Kabala Öğretisi ve Özü"

Erdemliğin İncileri

Gelecekten haber veren Kabala ilminde dahi, bilgelerimizin söylediği kuramsal tek bir kelime yoktur.

Baal HaSulam "Ruh ve Vücut"

Şu bilinmelidir ki bize emredilmiştir "Bugünü bil ve Yaradan'ın iyiliksever olduğunu kalbinde tut" Bu yüzden, buna sadece inanmamalı aynı zamanda bilmeliyiz, o zaman her şey anlam kazanır.

Kabalist Ramhal "Musa'nın Kitabı"

Kabala sadece somut ve gerçek adlar kullanır. Kabalistlerin tavizsiz kuralı şudur, "Edinmediğimiz hiçbir şeye ad veya tanım vermemek."

Burada şunu bilmelisiniz "edinme" kelimesi anlayışın en yüksek derecesini ima eder. Şu cümleden türemiştir; "Elin ulaşacak." Bu şu demektir, Kabalistler her şey tamamen apaçık olup, ellerinde sımsıkı tutmadan edinimi dikkate almaz fakat onu anlar ve idrak eder.

Baal HaSulam "Kabala İlminin Özü"

Aşağısı yukarıdan çalışılır. Önce insan, maneviyatta olduğu şekliyle, Üst Kökleri her türlü hayalin üzerinde saf bir edinimle edinmelidir. Ve arzusuyla Üst Kökleri edindiğinde, dünyadaki somut dalları inceleyebilir ve her bir dalın Üst Dünya'daki köküne, kalitesel ve sayısal olarak, belli bir düzende nasıl bağlandığını öğrenir.

Baal HaSulam "Kabala İlminin Özü"

Edinemediğimiz, adı ve cismi olmayan bir şey için, nasıl bir tanım verebiliriz? Her ad edinim anlamına gelir. O adı edindiğimizi gösterir.

Baal HaSulam "On Sefirot Çalışması"

KABALA İLMİ VE FELSEFE

Kabala bilgeleri, felsefi ilahiyatı gözlemler ve ondan Kabala İlmi'nin üst kabuğunu çaldığı için şikayet ederler ki Plato ve onun Yunan selefleri, kabalistlerin öğrencileriyle çalışarak bunu elde etmişlerdir. Manevi ilminden temel unsurları çalmışlardır ve kendilerinin olmayan bir sırrı giyinmişlerdir. Bugüne kadar, felsefi ilahiyat Kabala'nın tahtında oturmuş, onun mirasçısı olmuştur.

Kabala kendi doğasını ve gerçekliğini ispatlayamaz ve dünya için hiçbir ifşa, felsefenin Kabala'nın tahtına oturduğu apaçık olana ve de yanlış olduğunu bilene kadar, yeterli olmayacaktır.

Manevi ilim için, materyalist psikolojinin ortaya çıkıp, tanrısal felsefeyi başından vurup yok ettiği zamanki gibi bir kurtuluş yoktur.

Baal HaSulam "Kabala İlmi ve Felsefe"

Felsefenin bittiği yerde Kabala ilmi başlar. Bu şu demektir, filozoflar daha ötesini ve yukarısını değil, sadece dönen çarklar kadarını bilirler. Çarklardan aşağıya doğru olan kısımda bile şaşkına dönmüş durumdalar. Kabala ilmi onların ilminin bittiği yerde başlar yani çarklar ve yukarısı.

Kabalist Nahman "Moharan'la Konuşmalar"

Erdemliğin İncileri

Maneviyat kelimesinin anlamak, felsefeyle ilgili değildir. Çünkü görmedikleri ve hissetmedikleri bir şeyi nasıl tartışırlar? Temel bilgileri neye dayanmaktadır?

Maddesellikten maneviyatı ayıran söyleyebilecekleri bir tanım varsa bunu ancak maneviyatı edinmiş ve hissetmiş birileri söyleyebilir. Bunlar gerçek Kabalist'lerdir; öyleyse ihtiyacımız olan şey Kabala İlmi'dir.

Baal HaSulam "Kabala İlmi ve Felsefe"

Felsefenin peşinde değilim çünkü teoriye dayalı çalışmalardan hoşlanmam ve tüm çağdaşlarım benimle hem fikirdir ki biz bu tip köhne yapılara aşinayızdır ve yapı ne zaman dalgalansa bütün bina yıkılır.

Öyleyse, buraya sadece deneysel aklın eleştirisini konuşmak için geldim.

Baal HaSulam "Barış"

Burası, onlarla fabrikasyon varsayımlarını tartışmak için yanlış bir yer, çünkü bu tip görüşlerin savunucularının zamanı geçmiştir ve otoriteleri iptal olmuştur. Bunun için materyalist ruhbilimi uzmanlarına, önceki yıkıntıların üzerine inşa ettikleri kaide ve toplumun ilgisini çektikleri için teşekkür etmeliyiz. Şimdi herkes felsefenin sağlam temeller üzerine kurulmadığı için geçersizliğini kabul ediyor.

Bu eski öğreti, Kabala Bilge'lerinin ayak bağı ve öldürücü iğnesi olmuştur çünkü yoksunluğa ve sağduyuya, saflığa, kutsallığa hükmetmeleri ve Bilge'lerin önünde boyun eğmeleri ge-

Erdemliğin İncileri

rekirken, onlar felsefeden, almak istediklerini kolaylıkla aldılar. Hiçbir fiyat ya da ödeme olmadan, halkın arasında neredeyse unutulana kadar, Kabala ilminin derinine inmeden, onun kaynağından, faydalandılar. Yine de materyalist felsefeye bu ölümcül yumruk için minnettarız.

Baal HaSulam "Kabala İlmi ve Felsefesi"

Kabala ilmi'ni keşfettiğimden ve kendimi ona adadığımdan beri, kendimi soyut felsefeden ve onun tüm dallarından doğu ve batı gibi uzak tuttum. Bundan böyle yazacağım her şey kesin bir bütünlükte, saf bilimsel açıdan ve nesnel, faydalı olanın tanımıyla ilgili olacak.

Baal HaSulam "Ruh ve Vücut"

Bugün bizim neslimiz felsefenin bir içeriği olmadığını anladı. Bu yüzden, insanlara onların sözlerinden herhangi bir şifa almaları kesinlikle yasaklanmıştır.

Baal HaSulam "Ruh ve Vücut"

Felsefe, özündeki negatiflik anlayışla gurur duymayı sever. Fakat Kabalistler bu noktada susarlar ve onlara en ufak bir ad dahi vermezler çünkü edinmedikleri bir şeyin adını tanımlamak istemezler. Bunun sebebi, bir tanım belli bir edinim derecesini tanımlar. Gelgelelim, Kabalistler kendi aydınlanmaları ile ilgili konuşmazlar, yani edindikleri tüm aydınlanma, somut edinim kadarıyla geçerlidir.

Baal HaSulam "Kabala İlmi ve Felsefe"

Felsefe, Kabala'nın özüyle ilgilenmeyi sever ve ona ait olmayan kuralları kanıtlamak ister. Oysa Kabala'nın bunlarla ilgisi yoktur çünkü edinilmeyen ve hissedilmeyen nasıl tanımlanır?

Baal HaSulam "Kabala İlmi ve Felsefe"

KABALA İLMİ VE AHLAK

Birçoğu manevi kaynakları ahlakla kıyaslar ve yanılır. Böyle düşünürler, çünkü hayatlarında hiç maneviyatı tatmamışlardır. Onlara şöyle derim "Yaradan'ın iyiliğini gel ve gör". Şu gerçektir ki ahlak ve din her ikisi de bir tek şey amaçlar – insanı bencilliğin kötülüğünden çıkartmak ve onu başkasını sevmek konumuna getirmek.

Fakat yine de, her ikisi de birbirinden, Yaradan'ın Düşüncesi ve insanların düşüncesi arasındaki fark gibi, uzaktır. Çünkü gerçek Yaradan'ın Düşüncesinin bir uzantısıdır, ahlak ise insanın hayat tecrübesinden gelir. Öyleyse aralarında hem yön hem de nihai amaç olarak açık bir fark vardır.

Baal HaSulam "Dinin Özü ve Amacı"

İçimizde gelişen kötülüğün ve iyiliğin –kullandığımız şekliyle- ahlak yoluyla farkındalığı, toplumun başarısına bağlıdır.

Manevi çalışma ile içimizdeki iyinin ve kötünün tanımı, sadece Yaradan'la bağlantılıdır ki bu da Yaradan'dan ayrı olma formundan onunla form eşitliğine yani Birliğe gelmektir.

Baal HaSulam "Dinin Özü ve Amacı"

Ahlakın hedefi, hayat tecrübesiyle oluşan pratik kurallarla toplumu iyiliğe getirmektir. Fakat, sonunda hedefin takipçisine, doğanın sınırları dışına çıkma sözü vermez. Öyleyse bu hedef eleştiriye açıktır öyle ki kim kesin bir dille insana toplumun iyiliği için kendisini kısmen boyun eğmesinin zorunlu olduğunu anlatıp ve de bunun onun yararına olduğunu ispatlayabilir ki?

Manevi hedef ise, onu takip eden bireye iyilik vaat eder, bizim zaten bildiğimiz gibi kişi başkasını sevmeye geldiğinde, o gerçek Birlik'tedir ki bu Yaradan'la eşitlik formudur ve bununla kişi acılar ve engellerle dolu dar dünyasından uzaklaşıp, sonsuzluk -insanlara ve Yaradan'a ihsan etme- dünyasına girer.

Baal HaSulam "Dini Özü ve Amacı"

İnsanların iyiliği için düzenlenen ahlakı takip etmek, bir işin sonunda ödenen kira gibidir. Ve insan bu şekilde gelişirken, ahlakın derecelerinde yükselemez çünkü toplum tarafından iyi hareketlerine karşılık ödüllendirilen bu çalışmaya alışır.

Fakat insan manevi çalışmasıyla kendisini düzelterek, Yaradan'ı, karşılığında ödül olmadan memnun ederek manevi gelişimin basamaklarını çıkabildiği kadar çıkar ki bu yolda ödül yoktur. Her bir kuruş büyük meblağa eklenir. Ve sonunda kişisel bir haz olmadan -mecburi ihtiyaçları dışında- başkalarına ihsan ederek, ikinci bir doğaya sahip olur.

Baal HaSulam "Dinin Özü ve Amacı"

Kabalist

KABALİST KİMDİR?

Kabalistler tam bir bütünlüğe erişirler. Yani, insanın ulaşabildiği, realitede var olan tüm dereceleri edinmekle ödüllendirilmişlerdir ve edindikleri kabul edilen bu bütünlüğe "ruh" denir.

Baal HaSulam "Gebeliğin Anlamı ve Doğum"

Yaradan'dan bereket alan kişi, O'nun hazinesiyle taçlanır. O'ndan bereket almaya hazır olduğu için Yaradan'ın övündüğü ve Yaradan hissiyle ödüllendirilen kişiye "Kabalist" denir.

Baal HaSulam "Mektup 46"

Gerçeğin ilmi tüm öğretilerden etkilenmiştir, tüm öğretilerde ondan. Bunun sebebi, dünyadaki tüm öğretilerdeki kapsamlı bilgiye sahip olmayan tek bir Kabalist bulamazsınız, çünkü onlar bu bilgileri, içine dahil oldukları gerçeğin ilminden elde etmişlerdir.

Baal HaSulam "Kabala Öğretisi ve Özü"

İlahi sırların derinlikleri, insan zekasının araştırması ile değil, daha ziyade ruhu Kabala ile İlahi Işık'ı emmiş mükemmel insanlar aracılığıyla idrak edilir.

Kabalist Kuuk "Kutsallığın Işığı"

Erdemliğin İncileri

Gerçek erdemliler manevi dünyanın yolunu arzularında hissederler.

Kabalist Nahman "Manevi Yol"

Kabalistler olmasaydı, insanlar Yaradan'ın kanunlarını, emirlerini ve iyi insan ruhuyla, kötü insan ruhu arasındaki farkı bilemezdi.

"Zohar Kitabı" Madde 84

Işığın sırları, fiziksel bir çalışma ile değil, fakat O'nun temsilcileri, melekler ve İlyas peygamber vasıtasıyla, O'nun yüksek kutsallığından gelen İlahi bereket yoluyla idrak edilir.

Ari'nin Yazıları "Hayat Ağacı"

Büyük kabalistlerin ruhları her şeyi kuşatır: Her şeyin kötüsünü ve iyisini bilirler. Her şeyden acı çeker ve kötülükten iyiliğe çevirdikleri her şeyden haz alırlar.

Kabalist Kook "Kutsallığın Işığı"

Maneviyat kelimesinin anlamını bilmenin felsefeyle bir ilgisi yoktur. Çünkü görmedikleri ve hissetmedikleri bir şeyi nasıl tartışabilirler? İlkeleri neye dayanmaktadır?

Maddeselliği maneviyattan ayıran bir tanım varsa, bu ancak maneviyatı edinen ve hisseden kişilere aittir. Bu kişiler gerçek Kabalistlerdir ve ihtiyacımız olan ise Kabala ilmidir.

Baal HaSulam "Kabala İlmi ve Felsefe"

Erdemliğin İncileri

O'na tutunarak ödüllendirilen kişi erdemlidir. Bu şu demektir, alma arzusunu tersine çevirip, manevi çalışma ve ruhun ıslahının gücü vasıtasıyla Yaradan'la form eşitliği ile ödüllendirilmiştir. Onu, Yaradan'ın özünden ayıran bu alma arzusu, ihsan etme formuna dönüşür. Ve tüm yapılanlar O'nunla form eşitliğine gelebilmek için başkalarına ihsan etmektir. İnsan da vücuttan kesilip ondan ayrılan bir parça gibidir; çünkü ayrılan parça, geri kalan vücudun düşüncelerini bilir, tıpkı ayrılmadan önce bildiği gibi.

Ruhta böyledir: O'nunla form eşitliğine geldiğinde, bir kez daha O'nun düşüncelerini bilir, tıpkı ayrılıktan önceki alma arzusunun form eşitsizliğini bildiği gibi. Ve " Yaradan'ını bil" olgusunu içinde yaşar ve tam bir bilgelikle ki bu Tanrısal bilgidir, ödüllendirilir. Aynı zamanda Yaradan'ın bütün sırlarıyla ödüllendirilir çünkü kitapların sırları O'nun Düşüncesi'dir.

Baal HaSulam "Zohar İçin Konuşmalar"

Aslında, kutsallığın bahşedilmediği, seçilmiş insanlardan yoksun hiçbir nesil yoktur. İlyas peygamber onlara ifşa olur ve bu kanunun sırlarını öğretir.

Ari'nin Yazıları "Hayat Ağacı"

KABALİSTLERİN YOLUNDA YÜRÜMEK

Gelin ve görün ki bize kendi kutsal ışıklarını ileten ve ruhlarımıza iyilik için kendi ruhlarını adayan, öğretmenlerimize nasıl minnettar olmalıyız. Onlar büyük acılar yolunun ve tövbe yolunun ortasında dururlar. Bizi ölümden beter olan cehennemden korurlar ve bizi cennet hazlarına -başından beri bizi hazır bek-

Erdemliğin İncileri

leyen bu görkemli güzellik ve mutluluğa- ulaşmaya hazırlarlar. Hepsi kendi neslinde, sahip oldukları manevi ışığının gücüne ve kutsallığına göre çalışır.

Bizim bilgelerimiz şunu söyler "İbrahim'in, Yusuf'un ve İsmail'in olmadığı hiçbir nesil yoktur."

Baal HaSulam "Yüzün Nuru Kitabına Giriş"

Tüm meselelerde, en yalın olanda dahil Kabalistlerin yardımı olmasaydı kaybolurduk. Onlar karşısında eğilmeliyiz ki tüm sırlar bize ifşa olsun.

Eğitim Kitabı Parashat Terumah

Bize şu alegoriyi verirler: Binlerce körün yürüdüğü bir yolda, aralarında görebilen en az bir lider varsa, onlar şuna emin olurlar ki gören kişiyi takip ettikleri için, doğru yoldalar ve engellerde ve çukurlarda düşmeyecekler. Fakat bu kişi yoksa yolun üzerideki her engelde takılacaklarından ve düşeceklerinden emindirler.

Baal HaSulam "Zohar'a Giriş"

Kişinin erdemlilerin olduğu yerde olma seçeneği vardır. Onların otoritesini kabul ederse, kendi niteliklerinin doğasından gelen eksiklikleri için güç alır. Bunu erdemli olanlardan alır. "Her nesle onlardan verilmiştir" sözünün anlamı budur; her nesil yardım alacağı, tutunacağı ve erdemlilik derecesine gelmek için güç alıp faydalanacağı birisine sahip olmalıdır. Böylece, onlarda akabinde erdemli olurlar.

Baal HaSulam "Duydum - Makale 99"

Kabala ilmini öğrenmek isteyen kişi için en başarılı yol, gerçek bir Kabalisti aramak ve kendi aklıyla ilmi anlamakla, yani ilk idrak ile ödüllendirilene kadar, onun yönlendirmelerini takip etmektir. Daha sonra, kişi ağızdan ağıza onun bilgisiyle ödüllendirilir ki bu da ikinci idraktır ve bundan sonra yazılanları anlar bu da üçüncü idraktır. Daha sonra kişi kolaylıkla öğretmeninden Kabala ilmini ve onun tüm göstergelerini elde eder ve kendini gelişmeye ve büyümeye bırakır.

Baal HaSulam "Kabala Öğretisi ve Özü"

Hikmet sahibi öğretmenlere bağlanarak, destek almak mümkündür. Diğer bir deyişle, sadece hikmet sahibi bir öğretmen ona yardım edebilir. Kişi tüm kitapları bilen en büyük kişi olsa bile eğer Yaradan'ın ağzından öğrenme ile ödüllendirilmediyse, "sıradan insan" olarak adlandırılır.

Öyleyse kişi, kendini hikmet sahibine teslim etmeli ve mantık ötesi inançla tartışmasız öğretmeni ona ne verirse kabul etmelidir.

Baal HaSulam "Duydum - Makale 105"

Kişi ruha sahip olsa bile, O'nu hissetmeye hazır değildir, "Ruh ona yukarıdan üflenene kadar" denir. Bu yüzden kişi kulaklarını açmalı, bilgelerin sözlerini dinlemeli ve onlara yürekten inanmalıdır.

Baal HaSulam "Mektup 19"

Erdemliğin İncileri

Her ne kadar Kabalistlerin ve onların öğretileri bize Kabala'da verilse de, onlar güvenilir görgü tanıklarıdır. Ve görgü tanığı olarak ödüllendirildikleri bu yolu, bize öğretirler. Bunu idrak ettiğimizde bizim ilmimizde onlarınki gibi olur ve eksiksiz, gerçek bir temelin üzerine sonsuz, muhteşem bir bina inşa ederiz.

Baal HaSulam "Aklın Çaresi"

Bizim neslimizde gittikçe gelişen birey, kendisini acılardan kurtarmak istediğinde, farkındalığını arttırarak ve gönüllü olarak gelişir ki bu Işığın yoludur, insanların, kendilerini kontrol altına almak, fiziksel özgürlüklerini daha disipline etmek ve onlara sunulan çarelere uymaktan başka hiçbir seçimleri yoktur.

Baal HaSulam "Özgürlük"

Maneviyat söz konusu olduğunda, bireye toplum tarafından dayatılan hiçbir zorunluluk yoktur. Ama yine de, müşterek yaşam üzerindeki doğal kanunlar, bireyselliği kontrol altına alır.

Baal HaSulam "Özgürlük"

İlahi sırların derinlikleri, insan aklının çalışmasıyla değil, fakat ruhları Kabala ile İlahi Işık'la dolmuş harika insanlar vasıtasıyla idrak edilir. Onların sözlerini tam bir hazırlıkla çalıştığımızda, önce içsel edinimler gelir ve her şey doğal ve basit şekilde idrak edilerek, yerli yerine oturur. Kabala'nın gerçek gücünü her zaman bu şekilde kendimize eklemeliyiz, işte o zaman her şey, tıpkı Sina dağında herkese derecesine göre verildiği gibi, aydınlanır ve keyifli hale gelir.

Kabalist Raiah Kook "Kutsallığın Işığı"

Erdemliğin İncileri

Dünyanın arzusu, sayısız taşıyıcıya paylaştırılmış tek bir arzu olduğuna göre, eğer iki kişiye aynı arzu verilmişse, tek bir konuyu düşünürler. Eğer aralarında bir fark varsa o da bu arzunun büyüklüğünden ya da küçüklüğündendir. Doğa gereği küçük büyüye teslim olur. Bundan dolayı, Kabalistlerle aynı düşünceye sahip olanlar, onlarla aynı konuda kafa yoranlar, farkında olmadan bu kişilerle bir olup, onlara teslim olurlar. Bu şekilde tüm dünya düzelir.

Baal HaSulam "Sürekli Haz ve Mükemmel Kölelik"

Toplumun çoğu gelişmemişse ve gelişmiş olanlar azınlıktaysa ve her zaman gelişmemiş, kayıtsız genelin arzusuna göre karar verilirse, toplumda bilgili ve gelişmiş olanın görüşleri ve istekleri azınlıktadır ki onların söyledikleri duyulmaz ve dikkate alınmaz. Böylece insanlığın gelişme yolunu kapatmış olursunuz çünkü bu şekilde ileriye doğru bir adım dahi atılamaz.

Baal HaSulam "Özgürlük"

Görüyorsunuz ki manevi meselelerde genelin otoritesi devrilir ve gelişmiş olanın "Kişiyi çekmek" kanunu uygulanır. Şu doğrudur ki her toplumda eğitimli ve gelişmiş kişiler azınlıktadır. Ve bu sebeple maneviyat ve başarı azınlığın elinde kapalı kalmıştır.

Bu sebeple, genel, azınlığın görüşlerini onların yok olmaması için korumaya mecbur edilmiştir. Bunun sebebi şudur; azınlıklar gerçek ve ileri fikirlerin, otoritede olan genelin ve en zayıfın elinde olmaması gerektiğini bilmelidir. Çünkü her ilim ve her değerli şey dünyaya küçük miktarlarda gelir. Bu sebeple, biz, genelin doğruyu yanlıştan ayırma yeteneksizliğinde dolayı, tüm bireylerin görüşlerini korumak için uyarıldık.

Baal HaSulam "Özgürlük"

TEMEL KABALA METİNLERİ

ZOHAR KİTABI

Gerçeğin ilminde Raşbi'nin Zohar Kitap'ından daha önde olan başka bir kitap yoktur, çünkü onun kitabından önceki tüm kitaplar bu ilmin açıklaması olarak değerlendirilemez. Daha ziyade, bunlar sebep-sonuç ilişkisi olmadan, bu bilgiyi edinenlerin bile tam anlayamadığı üstü kapalı anlatımlarıdır.

Baal HaSulam

Kabalist Şimon Bar-Yokhai'nin ruhu, Saran Işık şeklindeydi. Bu yüzden, onun kelimeleri örtme gücü vardı ve çok şey öğretse de ancak layık olanların anlayabildiği bir öğretme şekli vardı. Bu yüzden ona Zohar'ı yazma "izni" verildi.

Bu izin, ondan daha bilgili olmalarına rağmen, onun öğretmenlerine veya onun önünde olanlara verilmemiştir. Sebebi şudur ki onların, maneviyatı onun gibi açıklama gücü yoktur.

Baal HaSulam

Zohar'ın yazarları Raşbi ve onun nesli 125 dereceyi bütünüyle son nesilin günlerinden önce olmasına rağmen edinmiştir. O ve öğrencileri için şöyle denir: "Bir Kabalist, peygambere tercih edilir." Zohar'da şunu buluruz son nesile kadar başka hiçbir nesil Raşbi'nin gibi olmayacak. Bu yüzden, bu yapıt maneviyatın 125 sırrını içinde bulundurduğu için dünyada büyük bir etki yaptı.

Zohar'da, Zohar Kitap'ının sadece son nesilin zamanında ifşa olacağı yazar. Bu böyledir çünkü daha önce söylediğimiz gibi, eğer öğrencilerin dereceleri yazarın derecesine uygun değilse, edinim sahibi olmadıkları için onun üstü kapalı ve söylediklerini anlamazlar.

Ve Zohar'ın yazarlarının dereceleri 125 derecenin tamamı olduğundan, öğrenciler son nesil zamanından önce maneviyata erişemezler. Yani, son nesil öncesi nesillerde, Zohar'ın yazarlarıyla beraber ortak bir edinim olmayacaktır. Dolayısıyla, Zohar, son nesilden önce ifşa olmayacaktır.

Ball HaSulam "Zohar'ın Bitiş Konuşması"

ARİ'NİN YAZILARI

Ari'nin seleflerine, ilmin yorumlarını açmaya Üst Güç'ten izin verilmemiştir, sadece ona bu izin verilmiştir. Bu izin, büyüklük veya küçüklük fark etmeden, ondan öncekilerin erdemliğinin daha yüksek olması olasılığına rağmen, onlara verilmemiştir. Bu sebeple, asıl ilimle ilgili yorumlar yazmaları engellenmiş, birbirine hiçbir şekilde bağlı olmayan kısa ve öz imalar yapmakla yetinmişlerdir.

Bu sebeple, Ari'nin kitapları dünyada görüldükten sonra, ondan önce Kabala'yı çalışanlar Ramak'ın kitapları bırakmışlardır. Maneviyata, yalnızca Ari'nin yazdığı bu ilmin tam açıklaması olarak kabul edilen Zohar, Tikkunim ve onları takip eden Ari'nin diğer kitaplarına tutunarak erişmişlerdir.

Baal HaSulam

Gerçekten Kabalist Izak Lurya (Ari), bizi zorlamış ve tüm edinimi şart koşmuştur. Seleflerinden daha çok şey yapmıştır ve

Erdemliğin İncileri

eğer övmem gerekirse, halka Yaradan'ın ifşa olduğu gün gibi, ilmin ortaya çıktığı o gün için de övgüler yağdırırdım.

Bizim için yaptığı kutsal çalışmaları ölçmeye yeterli kelime yok. Edinimin kapıları kapalı ve sürgülüydü ta ki o gelip açana kadar.

Karşınızda, bilgisiyle tüm zamanların ve kendinden önceki tüm dehaların önünde boyun eğdiği, 38 yaşındaki birisini görüyorsunuz. Tüm atalar, kılavuzlar, arkadaşlar, Ramak ve öğrencileri, O'nun önündeki öğrenciler gibi O'nun önünde eğildiler.

Tüm nesillerde, Ramak'ın Kabala'sı, İlklerin Kabala'sı ve Dahiler'in Kabala'sı gibi kitapları Ari'den önce takip edenler, bu kitapları ve yorumları bıraktılar. Maneviyatlarını tamamıyla onun Kutsal İlmine tutundurdular.

Baal HaSulam "Yüzün Nur'u Kitabına Giriş"

Görüşlerimde ve düşüncelerimde Ari'nin yazılarına dayanmayan hiçbir şey yoktur.

Kabalist Raiah Kook

Yaradan'ın kelimelerini incelemek isteyen kişinin hedefi Zohar Kitabı ve ona eşlik edenlerdir ve gerçek ilmin kelimelerine paha biçilemez. Bu, özellikle Ari'nin yazılarında böyledir.

Kabalist Raiah Kook "Halkı Kutsallıkta Seven"

Bu son nesilde, ruh için hayat olan Zohar'la, Ari'nin yazılarıyla ve doğru insan olmak ile ilgilenmeyenler, bilmelidirler ki sadece dini vecibeleriyle ilgilenmek yüzeyseldir ve o kişinin hayatı yoktur veya hayatta bir rolü yoktur.

Komarno'lu Kabalist İsak Yehuda Yehiel Safrin

ZOHAR VE ARİ'NİN YAZILARIYLA İLİGİLİ BAAL HASULAM'IN ÖNSÖZÜ

Şunu bilmeliyiz ki Ari'nin zamanından bu güne, Ari'nin metodunun özünü anlayan kimse olmamıştır. Onun bu metodunu kavramaktansa, Ari'nin kutsal ve büyük arzusu kadar bir arzu istemek daha kolaydır ki ilk duyandan ve kâğıda dökenden, son derleyicisine kadar bu konulara vakıf olamayanların kafası bu yüzden çok karışmıştır.

Ve ben Üst Güç tarafından iyi niteliklerim olduğu için değil, Üst Güç'ün isteği ile Ari'nin ruhunun bende kıyafetlenmesi ile ödüllendirildim. Bu benim kavrayışımın dışındadır, ölümünden sonra bugüne kadar hiç kimse ödüllendirilmemişken bu mükemmel ruh için neden ben seçildim. Bu konuyu daha fazla uzatmayacağım çünkü mükemmellikten bahsetmek benim yolum değil.

Baal HaSulam Mektup 39

Her nesilde, Kabala kitaplarında ve Zohar'da dünyevi hikâyeler olduğundan, özellikle kutsal ve bilge insanlarda inanç gittikçe azalmaktadır. Bu sebeple, insanlar kazandıklarından daha fazlasını kaybetmekten korkuyorlar ve maddeselliğe düşüyorlar. Ve bu beni, Ari'nin yazılarını ve şimdi de Zohar'ı uygun yorumla toparlamaya itiyor. Okuyucuların gördüğü gibi tüm

Erdemliğin İncileri

halkın Zohar'ı çalışmasına ve Üst Işık ile bir olmasına olanak vermek için, zamanın ve uzayın ötesinde, somut ve maddesel bir görüntü vermekten kaçınarak, her şeyin manevi anlamını ispatlayarak ve kanıtlayarak anlatmak için kendimi kaygılardan ayırıyorum.

Baal HaSulam "Zohar'a Giriş"

Önümüzde duran tüm Zohar yorumlarından görüyoruz ki Zohar'ın en zor bölümlerinin yüzde onunu bile açıklayamıyorlar. Açıkladıkları kadarında da kelimeler Zohar'ın kendisi gibi, anlaşılması zor kelimeler.

Fakat bizim neslimizde, Sulam'ın önsözü ile ödüllendirildik ki bu önsöz Zohar'ın tüm kelimelerinin tam bir yorumudur. Dahası, bütün Zohar'da anlaşılamayan hiçbir konu bırakmaz aynı zamanda açıklamaları orta derecede bir öğrencinin anlayacağı şekilde basit bir analize dayanır.

Ve Zohar bizim neslimizde oraya çıktığından, şu açıktır ki son neslin ilk nesili günlerindeyiz ve bu neslin başlangıcında söylendiği gibi "Bütün yeryüzü Yaradan'ın bilgisiyle dolacak"

Baal HaSulam "Zohar'ın Girişi İçin Konuşma"

Ari'nin bize öğrettiği 10 sefirayı somut kelimeler kullanmaktan kaçınarak, tüm manevi hallerini açıklamaya zorlanıyorum. Böylece, yeni başlayan biri, bu ilme herhangi bir maddeselliğe ve yanlışa düşmeden yaklaşabilir. On sefiranın anlaşılmasıyla kişi, bu ilimdeki diğer konuları da algılamaya ve incelemeye gelir.

Baal HaSulam " On Sefira Çalışması"

Benden daha iyiler vardır ki ben bir elçi olarak ve su sırları açan bir yazman olarak çok değerli değilim ve tümüyle anladığımı da söyleyemem. Neden Yaradan bana bunu yaptı? Bunun tek sebebi neslimiz son nesil ve kurtuluşun tam eşiğinde olduğundan buna değer. Bu sebeple, tüm sırları ortaya çıkaran kabala ilminin sesini duymak çok değerlidir.

Baal HaSulam "Mesih'in Borusu"

Kabala Dili

KABALA DİLİ BİZİM DÜNYAMIZDAN BAHSETMEZ

Kitapların bütün kelimeleri yüce sırlardır.

Sulam'ın Önsözü ile Zohar Madde 58

Işık maneviyattır.

Kabalist Breşlev'li Nahman

Kabala ilmi bizim dünyamızla ilgili hiçbir şey söylemez.

Baal HaSulam, "Özgürlük"

Zohar bizim dünyamızla ilgili tek bir şey söylemez, fakat dünyadaki gibi bir zaman olgusunun olmadığı, manevi dünyadan bahseder. Manevi zaman, yer ve zamanın ötesinde olan formların değişimi ve dereceler yoluyla açıklanmıştır.

Sulam'ın Önsözü ile Zohar

Kabala ilmi, sadece Asiya dünyasının maneviyattaki kökünden ve onun yukarısından bahseder.

Kabalist Breşlev'li Nahman

Erdemliğin İncileri

Işığın yüce derecelerden dünyamıza inmesi ve yayılması sebebiyle, kelimeleri mecaz ve sır şeklindedir.

Ramak, Yaradan'ını Bil

Adam Kadmon'nun giriş bölümüne istinaden, Kabala'daki Adam Kadmon kavramının dünyasal bir form şeklinde tarif edildiğini görmekten büyük şaşkınlık yaşıyorum ki bu sadece doğaüstü Tanrısal bir kavramdır. Bu kutsal kavramları, çalışırken bile olsa maddeselleştirmeye, izin vermeyelim.

Kabalist Raiah Kook, Mektuplar

Kabalistik kaynaklarda mecazi olmayan, düz hikayelerden, Esaf ve Lavan'ın cahil sözlerinden oluştuğunu söyleyenlere yazıklar olsun, eğer durum buysa bugün bile cahillerin onlarınkinden daha güzel sözlerini yazılara aktarabiliriz. Kaynakların dünyasal konuları gösterdiği düşünülüyorsa dünyayı yönetenler bile onların arasından iyi şeyler bulabilirler. İzin verin onların otantik kaynaklarda söylediklerini takip edelim çünkü o kitapların bütün kelimeleri büyük sır taşır.

Sulam'ın Önsözü ile Zohar

Manevi metod bu şekildedir. "Yazıların vücutları" denilen sevaplardan oluşan bir kalıbı vardır. Bu kalıp, dünyadaki hikâyeler ile kılıflanır. Aptallar sadece kitaplarda bu kılıfları görür ve daha fazla bir şey bilmezler. Bu kılıfın altında var olanı idrak edemezler.

Sulam'ın Önsözü ile Zohar

Yazılardaki hikâyeler Işığın kılıflarıdır. Bunların gerçek olduğunu ve içinde başka bir şey olmadığını düşünenler lanetlenecek ve manevi dünyadan hiç pay alamayacaklardır. Hz. Davud yazılanların altındaki gerçeği idrak ederek şöyle der "Gözlerimi aç ki Sen'in kanunun olan Işığın içindeki harika şeyleri alabileyim".

Sulam'ın Önsözü ile Zohar

Manevi kaynakların sadece dışsaalığına bakarak, hikâyelerden başka bir şey yoktur diyenlere yazıklar olsun. Ne mutlu gerçeği bulan erdemlilere. Şarap sadece şişede durur; bunun gibi manevi sırlarda kılıfın içindedir. Bu sebeple, kılıfın altında olanı dikkate almalıyız. Çünkü bütün bu dünyasal hikâyeler bir kılıftır.

Sulam'ın Önsözü ile Zohar

Bu ilimde mutlak kurallar vardır, olayları hayali ve dünyevi olarak nitelendirmemek. Bunun sebebi "Onu putlaştırma ve buna benzer bir yol izleme" kuralını bozmalarıdır. Böyle bir durumda kişi ondan yarar göreceğine zarar görür.

Baal HaSulam "10 Sefira Çalışmasının Önsözü"

KÖKLER VE DALLAR KANUNU

Bütün dünyalarda bu böyledir, her bir alt dünya, üst dünyanın yansımasıdır.

Baal HaSulam "Kabala İlminin Özü"

Bu dünyanın doğasının işleyişinde fark ederiz ki tüm realite, Üst dünyaların işleyişinden ve kanunlarından süzülmüş ve yayılmıştır.

Baal HaSulam "Özgürlük"

Yazılanların kıyafetlerini çıkartarak onun özüne girersiniz. Işıkta gizlilik sebebiyle ifşa olmayan hiçbir şey yoktur. Bu balmumuna basılan mühür gibidir, mühürde olmayan hiçbir girinti veya çıkıntı balmumunda da yoktur.

Ramak, Yaradan'ını Bil

Sevaplar, bizim dünyamızdaki doğa kanunlarının kökü olan Üst Dünyalardaki kanunlardan başka bir şey değildir. Bu suyun içindeki iki damla gibidir, bu dünyadaki kanunlarla Işığın kanunları her zaman birbirine uyar.

Baal HaSulam "Özgürlük"

Kabalistler, Atzilut, Beria, Yetzira ve Asiya denilen, en üst Atzilut'dan başlayan ve Asiya denilen bu maddesel ve fiziki dünyada biten bu dört dünyanın formunun, her bir parçada ve olayda tamamıyla aynı olduğunu buldular. Bu şu demektir, ilk dünyada meydana gelen ve sonuçlanan her şey, onun altındaki dünyada da aynı şekilde meydana gelir.

Tüm dünyalardan, aşağıya bizim dünyamıza kadar bu böyledir. Aralarında hiçbir fark yoktur sadece her dünyanın realitesindeki unsurların özünde derece farklılığı vardır.

Baal HaSulam "Kabala İlminin Özü"

Erdemliğin İncileri

Bu dünyadaki her bir cansız, bitkisel, canlı ve konuşan seviyenin, bir Üst dünyada form olarak aynı fakat özünde farklı karşılığı vardır. Bundan hareketle, bu dünyada cismani bir formda olan bir hayvan veya taş, bir Üst dünyada yer ve zaman işgal etmeyen manevi bir formdadır. Fakat her iki dünyada da nitelikleri aynıdır.

Burada madde ve form arasındaki, ilişkiyi kesinlikle vurgulamalıyız. Benzer şekilde, bir Üst dünyadaki cansız, bitkisel, canlı ve konuşan seviyelerinin bir sonraki Üst dünyada da benzerlerini bulabilirsiniz. Bu ilk Üst dünyadan, aşağıya böyle devam eder, şöyle yazdığı gibi "Ve Yaradan yaptığı her şeye baktı ve hepsinin mükemmel olduğunu gördü."

Baal HaSulam "Kabala Öğretisi ve Özü"

En Üst dünyanın realitesindeki unsurlarının özü, ondan aşağıda olan dünyadan daha saftır. Aynı şekilde, bir alt dünyanın unsurlarının özü, ilk dünyadan daha kaba fakat bir alt dereceden daha saftır.

Bu, aynı şekilde bizim dünyamıza kadar devam eder ki bu dünyadaki unsurların özü, tüm dünyalardan daha karanlık ve kabadır. Fakat tüm dünyalarda, realitenin unsurları, formları ve onların oluş şekli hem sayısal hem de niteliksel olarak değişmez ve aynı kalır.

Bunu mühür ve onun izi ile karşılaştırırsak: Mühürdeki tüm şekiller, her bir detayıyla ve incelikleriyle basılan yere geçer.

Baal HaSulam "Kabala İlminin Özü"

Erdemliğin İncileri

Her bir alt dünya onun üstündeki dünyanın yansımasıdır. Yani Üst Dünyanın tüm unsurları, hem kalitesel hem de miktar bakımından titizlikle bir alt dünyaya kopya edilir.

Dolayısıyla, alt dünyanın realitesinde, bir Üst Dünyada benzerinin olmadığı bir unsur ya da bir oluşum yoktur, tıpkı suyun içindeki iki su damlası gibi birbirine benzer. Buna "Kök ve Dal" denir. Bu şu demektir, alt dünyadaki bir madde, bir Üst Dünyadakinin dalı yani yansıması, bir alt dünyadakinin de kökü olarak kabul edilir.

Kabalistlerimiz şöyle der "Alt dünyada tek bir çimen tanesi yoktur ki, Üst dünyadan koruma ve bereket gelmesin ve ona 'Büyü' denmesin." Bundan şu sonuç çıkar, "kader" denilen kök, onu büyümeye zorlar ve sayısal ve niteliksel değerlerini, mühür ve damga da olduğu gibi ona geçirir. Kök ve dalın, realitenin her bir detayında ve oluşumunda, her bir dünyada, Bir Üst Dünyayla ilişkisinde, kanunu budur.

Baal HaSulam "Kabala İlminin Özü"

Alt dünyanın realitesinde, bir Üst Dünyandan yayılmamış hiçbir şey yoktur. Mühür ve onun izi gibi, Üst dünyanın kökü, alt dünyadaki dalı tüm unsurlarını ve özelliklerini ifşa için zorlar. Kabalistlerin dediği gibi, Üst Dünyanın bereketi bir alt dünyadaki çimenin büyümesini tamamlaması için onu zorlar. Bu sebeple, bu dünyadaki her bir dal, bir Üst Dünyada bulunan formun tam bir kalıbını yansıtır.

Baal HaSulam "Kabala İlminin Özü"

Zeytin Dağı, ismini Üst dünyadan ödünç almıştır. "O günde ayakları Zeytin Dağının üstünde durdu..." denmesinin anlamı budur. Dolayısıyla şu açıktır ki bu dağın adıyla edinim sahibi olan kişi, bu ismin tüm anlayışını idrak etmiştir. Eğer bir insan bu adı alırsa, emin olun ya toprağının zeytin için uygun olduğunu ya da toprağında birçok zeytin ağacı yetiştiğini ya da bunun gibi bir şey olduğunu deneyimler.

Baal HaSulam "Zeytin Dağı"

KABALİSTLERİN DİLİ DALLARIN DİLİDİR

Kabalistlerin dili, kelimenin tam anlamıyla, hem dal ve kökü, hem de sebep-sonuç ilişkisini dikkate alan kusursuz bir dildir. Hiçbir sınır olmadan, güç algılanan detayları açıklığa kavuşturan eşsiz bir becerisi vardır. Ayrıca istenilen duruma direkt ulaşmayı, ondan önceki ve sonraki dillere ihtiyaç olmadan mümkün kılar.

Baal HaSulam "Kabala Öğretisi ve Özü"

Kabalistler, mükemmel bir konuşma lisanı oluşturmaya uygun, ayrıntılı ve değişmez kelimeler bulmuşlardır. Bu onlara, bu dünyada bizim hislerimize iyi uyan maddesel dallardan çok az bahsederek, birbirleriyle Üst Dünyalardaki Manevi Köklerden konuşmayı sağlar. Onları dinleyenler, Üst Dünyadaki Kökün işaret ettiği alt dalları onun yansıması olduğu için, anlarlar.

Baal HaSulam "Kabala İlminin Özü"

Erdemliğin İncileri

Kabalistlerce maddi yaratılışın tüm varlıkları ve onların örnekleri, Üst Manevi Kökleri işaret eden kelimeler ve adlar olarak kabul edilir. Manevi köklerinin sözsel anlatımı -ki bu hayal gücünün dışındadır- olmamasına rağmen, Kabalistlerin bunu dallar vasıtasıyla ifade etmeye hakları vardır ki bu bizden önce bu şekilde düzenlenmiştir.

Baal HaSulam "Kabala İlminin Özü"

Dudaklarımızın telafuz ettiği bütün kelimeler ve sesler, hayali zaman ve yerin ötesindeki tüm maneviyatı tek kelime bile tarif etmemize yardım etmez. Onun yerine bu konular için özel bir Dalların Dili denilen Üst Köklerle olan bağlantıyı anlatan dil kullanılır.

Yine de, bu dil bu ilmi çalışmak için amaç olarak diğer dillerden daha çok uygun olsa da, bu ancak erdemli olanın yani dalların, köklerle ilişkisini bilen ve anlayan kişi için geçerlidir.

Baal HaSulam "Kabala İlminin Özü"

Çalışmasıyla Yaradan'ın Işığına erişenler, keşfettikleri şeyden onları takip edenlerinde kendileri gibi haz almasını isterler. Bu yüzden Kabalistler her bir edinimi adlandırıp edindikleri dereceyi ve onun yapısını anlamak için aralarında ortak bir dil oluşturdular.

Rabaş Mektup 19

KABALA İLMİ TÜM DİLLERİ KAPSAR

Kabala ilminin özü kutsal kitaplarda ve benzerlerinin özünden farklı değildir. Aralarındaki tek fark açıklamalarındaki farktır. Bu, dört dile çevrilen bir ilime benzer. Doğal olarak, dil değişse de ilmin özü değişmez. Tek düşünmemiz gereken hangi çevirinin öğrenciye ilmi iletmek için uygun olacağıdır.

Baal HaSulam "Kabala Öğretisi ve Özü"

Adlar ve onların sayısal değerleri tamamıyla Kabala ilmine aittir. Diğer dillerde de bulunmasının sebebi şudur ki, Kabala ilmi tüm dilleri kapsar. Bu böyledir çünkü bazı durumlarda diğer diller Kabala'dan destek alır.

Tanrısal ifşanın ilmini açıklamaya hizmet eden bu dört dilin, her seferinde bir tanesinin geliştiği düşünülmemelidir. Gerçek şudur ki dördü de Kabalistlerin önünde eş zamanlı olarak ortaya çıkmıştır. Her biri, diğerlerini de kapsar.

Kabala dili manevi kaynaklarda vardır, örneğin rahmetin 13 niteliği, kayanın üzerinde durmak gibi sözler aktarılan yazılarda hissedilir. Tüm dillerde aynı anlamı taşıyan bu kutsal isimler, tüm kanunlarda ve efsanelerde aynıdır.

Baal HaSulam "Kabala Öğretisi ve Onun Özü"

Kimlerin Kabala Çalışması Uygundur

HERKESİN KABALA İLMİ ÇALIŞMASININ ZORUNLULUĞUNA DAİR

Yaradan'a kalbi yönelenlerin hepsinin Kabala ilmini çalışması kesinlikle zorunludur.

Baal HaSulam "Bilge Dağı'na Giriş"

İnsanların bu ilmi çalışmasının haricinde Yaradan hiç memnuniyet hissetmez. Dahası insan sadece Kabala çalışmak için yaratılmıştır.

Kabalist Haim Vital "Bilgi'nin Kapısı'nın Önsüzü"

Kim olursa olsun kalbi uyanan herkes için, maneviyatın özünü ve sırlarını çalışmak bir gerekliliktir. Onsuz, yaratılış planı onlar için tamamlanmaz.

Baal HaSulam "Bilge Dağı'na Giriş"

İnsanın kurtuluşu ve yükselişi içselliğin özünü ve Zohar'ı çalışmasına bağlıdır.

Baal HaSulam "Zohar'a Giriş"

Erdemliğin İncileri

Yaratılışın sırlarının ifşası, realitenin ve hayatın gerçek amacıdır.

Kabalist Raiah Kook "Kutsallığın Işıkları"

Ancak, içselliği ve Kabala çalışarak kurtuluşa gelebiliriz.

Vilna Gaon "Dua Kitabı"

Tüm kalbimizle, varlığımızla ve gücümüzle, Kabala'nın yolu olan inancın ilminin peşinden gitmeliyiz.

Baal Şem Tov "Gözleri Aydınlatan"

Maneviyatın yıkımından yaklaşık bin yıl sonra nesilleri korumak için Zohar'ın Işığı o bölgede ortaya çıktı. Eğer yaratılışın sırlarını doğru bir şekilde çalışarak ödüllendirilirsek, bu yolla erdemliğin esenliği her yere yayılacaktır.

Çiğda "Yücelerin Sistemi"

Maneviyatın sırları kurtuluşu getirir ve bu insanları Yaradan'a geri döndürür.

Kabalist Raiah Kook "Işıklar"

Özellikle büyük tehlike ve kriz zamanlarında, en iyi çareyi bulmalıyız.

Kabalist Raiah Kook "Mektuplar"

Yaradan bize, O'nun iyiliğini bilmemizi emreder ve biz de bu iyiliğinin bize öğreteceklerini gerçekten öğrenmek isteriz. Bu iyiliğin bize öğrettiği, gerçeğin ilminden başka bir şey değildir ki bu O'nun kutsallığının çalışmasıdır. Bundan dolayı hiçbir şüpheye yer vermeksizin gerçeğin ilmini çalışmaya zorunlu olduğumuzu görüyoruz.

Ramhal "Ramhal'ın Kapıları"

Gençler, kendini kötü hissedenler veya arzusu küçük olanlar, İçsel Işığı almak için kural olarak en azından günde bir veya iki saatlerini gerçeğin ilmine adamalıdır. Zamanla arzularını genişleyecektir.

Kabalist Raiah Kook "Raiah'ın Mektupları"

Hiç şüphe yoktur ki dünyadaki tüm öğretilerin hiçbiri maneviyatın sırlarını aramaktan daha önemli değildir çünkü bu sırlar İlahiyatla ilgilenirler ki manevi ilimin insana verilmesinin amacı Yaradan'ı bilmek ve ona hizmet etmektir.

Kabalist Moşe Kordovero (Ramak) "Yaradan'ını Bil"

Erdemliğin İncileri

Şu iyi bilinir ki kişi için gerçeğin ilmini çalışmak harika bir zorunluluktur ki bu ilim kadim kitaplarda yazdığı gibi, Kabala ilmi ve yazıların sırlarıdır.

Kosov'lu Kabalist Baruh Abrahamoğlu

Bu nesilde sapkınlık galip geldiği zaman eğer halkım benim söylediklerime kulak verirse, Zohar ve Tikkunim (Düzeltmeler) çalışmasıyla ilgilenmelidir. Yine de günah korkusu onların önünde olduğundan ısrarla çalışmaya devam etmelidirler.

Komar'lı Kabalist İsak Yehuda Yehiel

En önemli kural şudur ki kişi Yaradan'ı bilmelidir, bu ilmi hiç görmemiş olan hayatı boyunca ışıkları göremez ve aptallar karanlıkta yürür.

Kabalist Haim Vital "Hayatın Hazineleri"

Gerçeğin ilmini açıkça çalışmaya Üst Güç'ten gelen yasak sadece 1490 yılının sonuna kadar sınırlı bir zaman içindir. Ondan sonrası son nesil olarak bilinir ve yasaklama kalkarak Zohar'ı çalışma izni verilir. 1540'dan itibaren genç, yaşlı tüm kitlelerin bu ilmi çalışması büyük sevaptır. Kişinin kalbi çağrıya gelmesinden sonra ne olursa olsun buna kayıtsız kalmak hiç uygun değildir.

İbrahim Ben Mordehay Azulai "Güneşin Işığı"

Erdemliğin İncileri

Kitaplardan ve yazarlardan şunu öğreniriz ki Kabala ilmini çalışmak, kalbi uyanan her kişi için bir zorunluluktur. Eğer kişi tüm kitapları çalışıp tüm kalbiyle bilirse ve eğer tüm çağdaşlarından daha fazla erdemlikle ve hayırseverlilikle dolu olduğu halde Kabala ilmini daha öğrenmemişse, bu dünyada tekrar bedenlenir ve manevi ıslahının çalışmasını yapmalıdır. Bu Kabalistlerin birçok yazısında belirtilir.

Baal HaSulam "Bilgelerin Dağı'na Giriş"

O zaman neden Kabalistler herkesi Kabala çalışmaya zorluyorlar? Gerçekten onun içinde bilmeye değer önemli şeyler vardır: Kabala ile ilgilenenler için içinde çok değerli bir şifa vardır. Ne öğrendiklerini anlamasalar bile, öğrendiklerini anlamak için duydukları büyük istek ve özlem nedeniyle ruhlarını saran Işığı kendileri üzerine doğru çekerler.

Bu şu demektir, kalbini Yaradan'a yönelten herkesin, en sonunda her bir yaratılanı mutlu etmek için Yaratılış Düşüncesinde Yaradan'ın tasarladığı, tüm harika edinimleri edinmesi garanti edilmiştir. Eğer kişi bu hayatında ödüllendirilmediyse, bir sonraki hayatında bunu elde eder ta ki O'nun, bizim için planlandığı manevi edinimle ödüllendirilene kadar.

Baal HaSulam "On Sefira'ya Giriş"

Önümüzde, kabalist kaynakların sırlarının derinliğine uygun olarak, Yaradan sevgisi en yüksek olan insanlar engin ilmini de kapsayan, tüm manevi konularıyla Yaradan sevgisine bağlanmak ve onu büyütmek zorunluluğu var. Bu zamanda tüm uluslara yayılması ve daha şeffaf hale gelmesi için daha çok çalışma ve daha çok açıklama yapılmalıdır.

Kabalist Raiah Kook "Raiah'ın Hazineleri"

Erdemliğin İncileri

Küçükten büyüğe herkesin Yaradan'ın düşüncesini bilmesi için, manevi ilim bize öğrenmemiz ve öğretmemiz için verilmiştir. Kabalistlerce yazılmış kitaplarda bu ilmi herkesin çalışması gerektiğine dair uyarılar buluruz.

Kabalist İsak Ben Zvi Aşkenazi

Son nesilin günlerinde halkın başındakilerin önderlik ettiği kötülük, utanmazlık, ahlak bozukluğu artacak. Ve sonra cennetten Üst Işık - Zohar ve Tikkunim (Düzeltmeler) ve onları takip eden hocamız Ari'nin yazıları- gözükecektir. Ve bu çalışma kişinin ruhundan kötülüğü söküp atacak ve Üst Işıkla bütünlüğe gelerek, dünyanın tüm erdemliliği ile ödüllendirilecektir.

Komarno'lu Kabalist İsak Yehuda Yehiel Safrin

Bu yüce saflığa, en sıradan kişiler için bile uygun olan Kabala çalışması haricinde, tüm insanların erişmesi mümkün değildir.

Bununla birlikte, seçilmiş ve çaba göstermiş bir azınlığın dışında sadece görünenleri çalışarak, ödüllendirilmek mümkün değildir.

Baal HaSulam "On Sefira Çalışmasına Giriş"

Umut edelim ki zengin, fakir, genç, yaşlı herkes beraberce Zohar'ı çalışsın. Zohar'ı çalışırken bir beraberlik kurmaya çalışsalar ne kadar iyi ve hoş olur. Özellikle şimdilerde kurtuluş kıvılcımları çiçeklenmeye başlamışken kalpleri uyanmaya getirecek olan bu gizli çalışmada çaba harcamalıyız.

Baal HaSulam "Zohar'a Giriş"

Erdemliğin İncileri

Ruh doğal besininden yoksun kaldıkça, gittikçe bozulur, tükenir ve dejenere olur. Öyleyse, Işığı çekmeliyiz ve bu manevi çalışmayı kaynağında ve gerçeğin ilmi Kabala ile tüm Tanrısal ilmin sınırlarına erişene kadar bozulamaz bir kural olarak sürekli ve düzenli bir şekilde çalışmalıyız.

Kabalist Raiah Kook "Raiah'ın Hazineleri"

Kabala ilmi sadece Yaradan'ın ifşasından bahsettiğine göre, doğal olarak amaçta ondan daha başarılı başka bir şey yoktur. Kabalistlerin amacı da budur. Onu çalışmaya uygun hale getirmek.

Onu, gizlilik zamanına kadar çalıştılar (Belli bir sebeple gizlenmiştir). Fakat bu sonsuza kadar sürmeyen belirli bir süreydi, Zohar'da yazdığı gibi "Bu ilim, gizliliğin sonunda çocuklara bile ifşa olacaktır."

Baal HaSulam "Kabala Öğretisi ve Özü"

Birçok aptal, bizim hayatımız olan Ari'nin sırlarını ve Zohar'ı çalışmaktan kaçar. Eğer halkım kötülük ve sapkınlığın arttığı son nesilin günlerinde Zohar, Tikkunim (Islahlar) ve Ari'nin yazılarını araştırıp beni dinlerse, tüm zorlukları iptal edip, Işık ve bereket alırlar.

Komarnolu Kabalist İsak Yehiel

Korkunç yanlışları düzeltmek, bize ve kutsal yazılara bağlı. Her birimiz, kalbimizi ve ruhumuzu her şeyin üstünde tutarak,

Erdemliğin İncileri

bundan böyle manevi kaynakların özünü pekiştirmeli ve dış kabuğunun ötesindeki erdemliğinin hakkını, ona vermeliyiz.

Baal HaSulam "Zohar Kitabına Giriş"

Bu sırları ifşa etmek yasak değildir, tersi olarak, onların ifşası büyük sevaptır. Nasıl ifşa edeceğini bilenin ve bunu ifşa edenin ödülü çoktur. Bunun sebebi, bu Işıkları kitlelere ifşa etmek son nesilin yaklaşan günlerine bağlıdır.

Baal HaSulam "On Sefira Çalışmasına Giriş"

Yaradan için ve tam da bu zamanda istenildiği için dünyanın tüm sırlarını ifşa etmeye karar verdim. Nesli doğru yola getirmek için Kabalistlerin saf ruhları onlara baskı yaparken, kitlelerin kapasitesinin alışık olmadığı yeni şeyler söylemek ve gizli olanı açığa çıkarmak, bu konuda iftiraya uğramaktan dolayı çektiğim acıdan çok daha iyi ve büyük.

Kabalist Raiah Kook "Mektuplar"

Onların, nasıl olup ta manevi bir amacın, fiziksel atomları harekete geçirdiği ile ilgili bilimsel bir çözümü yoktur. Bütün bilgileri ve derin çalışmaları onlara, maddesel atomla manevi varoluş arasındaki derin ve geniş aralığı geçmek için bir köprü bulmaya yardım etmeyecek. Çünkü bilim tüm bu doğaüstü metotlarla hiçbir şey kazanmaz.

Bilimsel yaklaşımdan bir adım öne çıkmak için, sadece Kabala ilmine ihtiyacımız var. Çünkü Kabala ilmi dünyadaki tüm ilimleri kapsar.

Baal HaSulam "Özgürlük"

Erdemliğin İncileri

Maneviyat kelimesinin anlamını idrak etmenin felsefeyle ilgisi yoktur. Bunun sebebi görmedikleri ve hissetmedikleri bir şeyi nasıl tartışabilirler? Temel bilgileri neye dayanmaktadır? Maddesellikten maneviyatı ayıracak bir tanım varsa, o da bunu edinmiş ve hissetmiş kişilere aittir. Bunlar çok değerli Kabalistlerdir ve ihtiyacımız olan şey de Kabala ilmidir.

Baal HaSulam "Kabala İlmi ve Felsefe"

Bu zamanda Zohar'a kötülüklerden korunmak için daha fazla ihtiyacımız var, şimdilerde bu ilimin ifşası, bize bu bozuk nesillerde Yaradan'a tüm kalbimizle tutunmak için kalkan olacaktır. Önceki nesiller nüfuz ve dindarlık nesilleriydi ve iyi ameller onları suçlayıcılardan korurdu. Şimdi Üst Köklerden fıçıdaki köpük gibi ayrılıyoruz. Bu ilmi çalışmazsak bizi kim koruyacak?

Yakup Tzemah "Hayat Ağacı"

Zihnimizi, esası yaratılışın sırları olan soylu düşüncelerle meşgul edip, kalbimizi ona çevirmek.

Kabalist Raiah Kook

Tüm manevi çalışmayı manevi tefsirleriyle yüceltmeliyiz.

Kabalist Raiah Kook

Bugünden 1000 yıl öncesine giden son nesilleri anlatan, bugün bulunmuş bir tarih kitabını düşünün, sizin ve bizim hissettiğimiz gibi, acılardan ve katliamlardan çıkan dersler, onlara iyi davranışlar için kesinlikle yeterli olacaktır.

Ve bu insanlar, onlara destek, memnuniyet ve en azından günlük hayatlarında barış ve sukuneti garanti edecek iyi davranışlar edinirler. Şüphesiz eğer Kabalistler bu ilmin kitabıyla, bizi siyasilerin ilminden ve bireysel yönetimlerinden korurlarsa, hayatı organize etmek için her bir fikri araştırırlar ve "Sokaklarda hiçbir haykırış olmaz." Yozlaşma ve kötü güç kullanma durur ve her şey barışçıl bir şekilde yerine oturur.

Arayış içerisinde olan insanlar, bu kitap kapalı bir dolap içinde sizi bekliyor. Bu kitap hayatın ilmine ve halkın özel ve genel yaşantısına açıklık getirerek, son günlere kadar var olacaktır. Bunlar Üst dünyaların tarif edildiği, Kabala kitaplarıdır. Onlarda mükemmellik vardır çünkü dendiği gibi mükemmellik Yaradan'dan gelir, sonra doğruyu öğrenir ve Üst Dünyanın sonsuz ve tam mükemmelliğine geliriz.

Yaradan'dan bize gelen budur "Yaratılışın sonu ilk düşüncededir." Bu kitapları açın ve onlardan bütün iyilikleri öğrenin ve aynı zamanda bugünün sıradan meselelerini düzenlemek için iyi dersler çıkarın. Geçmiş tarihi inceleyerek, geleceği düzeltebiliriz.

Baal HaSulam "Son Nesil Yazıları"

Kabalist Baal Şem Tov, sadece Kabala ilmi ile kişinin ruhunun sonsuza kadar korunacağını İnançlar Kitabında yazmıştır, çünkü bu eski yıllarda ve zamanlarda manevi bilgelere verilen tek Tanrısal ilimdir. Onunla Yaradan'ın cenneti ve O'nun kanunu ifşa olacaktır.

Kabalist Şahapta Yakup Oğlu İsak

Son nesilin günleri yaklaştığında, çocuklar bile, kurtuluşu ve sonu bilip, bu ilmin sırlarını bulacaklardır. Aynı zamanda ilim herkese ifşa olacaktır.

Sulam'ın Önsözü ile Zohar Kitabı

Fakat her şeyden önemlisi kardeşim şunu bil ki bu çalışma, kötülüğün arttığı ve insanın düşmeye başladığı bu günlerde çok parlak olarak ve genişleyerek ifşa olacaktır. Bu çalışma ile ruhlar saflaşacak. Gerçektende bu sırları, Zohar'ı ve Tikkunim'i (Islahlar) çalışırken ruh ışıldar.

Kabalist İsak Yehuda Yehiel Safrin

İfşa olan yazıların bütünü, faziletli olmak ve gizli olan kısmını edinim hakkı elde etmek için, hazırlıktan başka bir şey değildir. Gizli olan kısım bütünlüktür ve insanın yaratılmasının amacıdır.

Fakat açıkça kişi ifşa olan yazıları çalışıp emirlere uysa bile, gizli olan kısmın bir bölümü eksikse, 613 sevap yoluyla gizlenmiş kısımdan alması gerekenleri almak için rekarne olmak zorundadır. Sadece bu şekilde Yaradan'ın daha önceden tasarladığı haliyle ruh tamamlanır.

Baal HaSulam "Bigelerin Dağı'na Giriş"

KABALA İLMİNİ ÇALIŞMAYA DİRENİŞ

Bu nesilde, daha önce görmediğimiz şekilde, düştüğümüz karanlık ve mutsuzluğu şimdi anlayabilirsiniz. Bunun se-

Erdemliğin İncileri

bebi şudur, Yaradan'a ibadet edenler bile, maneviyatın sırlarına bağlanmayı bırakmışlardır.

Baal HaSulam "Zohar Kitabına Giriş"

Bizler, maneviyat ve sırlarını reddedip ona bağlanmadıkça ve dünyayı bozdukça, bütün büyük Kabalistler hepsi birden ağlamaktalar.

Kabalist Raiah Kook "Mektuplar"

İnsanın statüsünü ve içseliği güçlendirmek için yapılan her şeyde başarı eksikliğinin ilk sebebi olarak şunu görüyorum ki Manevi Işık ihmal edilip kalplerden ve arzulardan çıkarılıyor. Şimdi herkes sadece dincilikle düzeltmeye çalışıyor, sanki dünya ruhu olmayan bir vücutta canlanabilirmiş gibi.

Kabalist Raiah Kook "Mektuplar"

Birçok aptal Zohar Kitabını ve Ari'nin sırlarını çalışmaktan kaçar, oysa onlar bizim hayatımızdır. Kötülük ve sapkınlık artınca, eğer halkım beni dinlerse, Zohar, Tikkunim (Islahlar) ve Ari'nin yazılarını çalışırlar, böylece tüm zorlukları yok edip, Işık ve bereket alırlar.

Kabalist İsak Yehuda Yehi

Işığın dünyadan ayrılmasına sebep oldukları için, onlara yazıklar olsun. Kutsallığı hiçbir sebep ve mantık olmadan tat-

Erdemliğin İncileri

sızlaştırdılar. Kendilerini dini vecibelerini uygulayıp daralttılar. Manevi ilmi anlamak, sırlarını ve güzelliklerinin tadını bilmek ve Yaradan' anlamak istemediler. Onlara yazıklar olsun, böyle yaparak fakirlik, yıkım, cinayet, hırsızlık ve yağmanın yayılmasına ve dünyanın bozulmasına sebep oldular.

Baal HaSulam "Zohar Kitabı"

Bu sebeple, Allah korusun sanki Yaradan'a şükran duymuyorlarmış gibi, sadece dini vecibelerini yapıyorlar, uykuda oldukları ve gözlerini açıp Yaradan'ın onları sevdiğini görmeleri için Kabalist Şimon Bar Yohay onlara seslendi ve haykırdı. Üstelik onlar kutsallığın yolunu ve Yaradan'la bir olmayı görmezler ve bilmezler.

Kabalist Musa Haim Luzzato

Dincilerin ısrarla söylediği "Kabala'ya, araştırmaya, yaratılışın ilmine, efsanelere hayır, sadece dinin fiziksel yaptırımlarına evet" söylemi giderek önemini kaybetmektedir. Hayatın gerçek iksiri olan Işık, gözle görünen fizikselliklerinin ötesinde tüm özüyle - kişinin maneviyatında ve iyiliklerinde ifşa olan- kendini korumak için göz ardı eden bu söylem, tüm nesillere, özellikle de bizim neslimize yön göstermeye kesinlikle uygun değildir, ta ki birçok manevi kök yayılarak ona eşlik edene kadar.

Kabalist Raiah Kook "Mektuplar"

Maneviyatı aşağılayanlara yazıklar olsun. Şüphesiz ki sadece hikayeler ve fizikselliklerle ilgilenirlerse, Işık kendini örter. Ve tüm

Erdemliğin İncileri

uluslar bize şöyle der: "Sizin en sevileninizin diğerlerinden farkı nedir? Neden sizin ilkeleriniz bizim ilkelerimizden daha üstün? Üstelik ilkeleriniz dünyasal hikayelerden bahseder." Manevi ilmi bundan daha aşağılayan bir şey yoktur.

Öyleyse kişinin içselliğini aşağılayanlara yazıklar olsun. Yaradan'ı onurlandıran Kabala İlmine bağlanmazlar, bu şekilde sürgünü ve dünyanın acılarını devam ettirirler.

Kabalist Haim Vital "Hayat Ağacı"

Şu iyi bilinmelidir ki kadim kitaplarda açıklandığı gibi gerçeğin ilmi olan Kabala ilmini ve Yaradan'ın sırlarını çalışmak harika bir zorunluluktur. Bu nesildeki alçak gönüllü insanların gerçeğin ilmini çalışmaktan neden vazgeçtiğini merak ediyorum.

Kabalist Baruh İbrahimoğlu

Manevi ilmi tatsız yapan onlardır çünkü Kabala ilmiyle ilgilenmek istemezler. Yazıklar olsun onlara, çünkü dünyadaki sefalete, yıkıma, yağmacılığa, katliama ve felakete onlar sebep oldular.

Zohar Kitabı

Gerekli olan, olmayan, yasaklanan, açıklanan tüm yazılanları, insanlar unuttuğu için, birçokları sırları çok fazla çalışmanın iyi olmadığını düşündü. Peki sırlarının derinine girdiğimiz bu öğretiye ne olacak? Her neyse, onu küçümseyenler zaten Yaradan'ın hizmetkarı değiller.

Kabalist Musa Kordovero (Ramak)

Erdemliğin İncileri

Kabala ilmini bilmeyenlerin hayvandan farkı yoktur, sadece insanın idrak ettiği ile ilgilenip, amaçsızca onu uyguladılar. Bu, lezzetli yiyeceğinin tadını bilmeden sadece saman yiyen hayvanların durumuna benzer. Kişi, birçok anlaşma yapan önemli bir işadamı olsa bile, bu ilimi çalışmaktan muaf tutulamaz.

Kabalist Tzvi Hirsh Eichenstein

Kendini Kabala çalışmaktan alıkoyanlar, erdemli olanlar arasında reddedilir ve Yaradan'ın Işıklarının yüzünü görmekle ödüllendirilmez.

Kabalist Yusuf Eliezer Rosenfeld

Eğer halktan bir kişi, sadece fiziksel kısmıyla ilgilenen dışsallığının avantajına dayanarak, manevi ilimin ruhumuza ve onun derecelerine yön gösteren özünün, sırlarının, sevabın tadının ve erdemliğinin faydasını küçümserse ve aynı şekilde, eğer bir kişi nadiren içselliğin özüyle ilgilenirse ve gündüz veya gece sanki çok fazlaymış gibi zamanının çok azını buna verirse kalbini Yaradan'a yönlendirmiş olan dünyanın özünü aşağılar, onurlandırmaz ve dünyanın dışsallığını onlara karşı, Allah korusun, yükseltir. Sanki dünyanın onlara ihtiyacı yokmuş gibi, onları gereksiz bularak, Yaradan'a doğru ilerleyenleri onurlandırmayacak ve aşağılayacaklar.

Baal HaSulam "Zohar Kitabına Giriş"

Kabala ilmini çalışanların aleyhinde konuşan, boş ilimlerle uğraşan çok bilmişlerin, onlar kelimelerin sesini duyar

Erdemliğin İncileri

ama hiçbir şey görmez demesine cevap şudur: Onlara ve aptal, amaçsız olmalarının şansızlığına yazıklar olsun, çünkü bundan hiçbir şey elde edemeyecekler; sadece insanların O'nun Kutsal Dağı'na ulaşmasına engel olacaklar.

Kabalist Şimon Ben Lavi

Maneviyatın gizli ilmiyle ve sırlarlarıyla ilgilenmeyip, dini vecibeleri ve dünyevi ahlak ile ilgilenmek, içinde Yaradan'ın mumu parlamayan, karanlıktaki ruhsuz bir vücuda benzer. Bu şekilde vücut hayatın kaynağını içine çekemediği için kurur. Daha önce dediğimiz gibi "Işığı söndüren ve içselliğin ilmi için çaba sarfetmek istemeyen onlardır."

Kabalist Haim Vitall

Işığın tacı Kabala ilmidir, dünya onun öneminden, gizli olanla değil sadece fiziksel olanla ilgilen diyerek kaçmaktadır. Eğer sen bu öğreti için uygun isen, elini uzat, tut onu ve ondan uzaklaşma. Bu böyledir çünkü bu ilmin tadını almayanlar, hayatlarında hiç Işık görmezler ve karanlıkta yürürler. Yazıklar olsun Işığı aşağılayan insanlara.

Kabalist Pinhas Eliahu Ben-Meir

Kabalistlerin birçok kitabında, bu ilmi çalışan kişinin bir sonraki dünyadan alacağı hazzın ve ödülün çoğaldığını, aynı zamanda, bu ilmi çalışmaktan kaçan kişinin üzerine de büyük ve acı cezalar geldiğini, gördüm.

Kabalist Baruh Ben Abraham

Gerçeğin ilmiyle ilgilenmeyenler ve öğrenmek istemeyenlerin ruhu Cennet Bahçesine yükselmek istediğinde, oradan küçümsenerek geri çevrilecek.

Kabalist Pinchas Eliahu Ben-Meir

KABALA ÇALIŞMAK MÜKEMMELLİK GEREKTİRMEZ

"Beş yıldan sonra, bir öğrenci çalışmasında iyi bir işaret görmezse, bir daha göremez." Neden çalışmasında iyi bir işaret göremez? Kesinlikle bu kalpteki arzunun eksikliğine bağlıdır çünkü Yaradan'ın ilmi yetenek istemediğinden, yetenek eksikliğinden değildir. Onun yerine yukarıda söylendiği gibi "Yaradan şöyle dedi; Tüm öğreti ve ilmi kolaydır. Kim Ben'den korkarsa ve sözlerimi yerine getirirse, tüm ilim ve tüm Işık onun kalbindedir."

Baal HaSulam "On Sefira Çalışmasının Önsözü"

Eğer kişi yetenekli değilse, nasıl bilge bir öğrenci olur? Yazılan kelimeleri anlamak için aklı yetmez. Şöyle yazar "Yaradan şöyle dedi; Tüm öğreti ve ilmi kolaydır. Kim Ben'den korkarsa ve sözlerimi yerine getirirse, tüm ilim ve tüm Işık onun kalbindedir."

"On Sefira Çalışmasının Önsözü" nde şöyle demiştir: "Burada özel bir yeteneğe gerek yoktur. Daha ziyade yalnızca Yaradan korkusuyla, kişi tüm manevi ilimle ödüllendirilir. Bunu anlamı şudur; Yaradan korkusu hariç her şey Yaradan'ın ellerindedir. Bu demektir ki sadece Yaradan korkusu tercihe bağlıdır, gerisi Yaradan tarafından verilir."

Rabaş "Merdivenin Basamakları"

Erdemliğin İncileri

Manevi çalışma sırasında herkes onun için emek vermeli, "Yaradan'ın Yüzünün Işığını" bulmak için kalbini ve arzusunu geliştirmeli ve "yüzün nuru" denilen Yaradan'ın ihsanını edinmelidir. Herkes bunun için uygundur, şöyle yazdığı gibi "Ben'i arayanlar, Ben'i bulacaklar" ve yazdığı gibi, "Aradım ve bulamadım, buna inanmayın." Öyleyse bu durumda aramak haricinde yapılacak bir şey yoktur.

Baal HaSulam "On Sefira Çalışmasına Giriş"

Yaratılışın amacı seçilmiş bir grup için değildir. Daha ziyade, yaratılışın amacı istisnasız tüm yaratılanlara aittir. Sadece güçlü ve yetenekli veya cesur olanlar değil, tüm yaratılanlara aittir. Şu sözleri hatırlayın: "Yaradan şöyle dedi; Tüm öğreti ve ilmi kolaydır. Kim Ben'den korkarsa ve sözlerimi yerine getirirse, tüm ilim ve tüm Işık onun kalbindedir."

Rabaş "Dost Sevgisi"

Işığın sırları, muhteşem bir kaynaktan geldiğinden (Yaradan'ın insana Kendisinden verdiği bir parçası olan ruhun özünün gizliliğinden) tüm kalplere, hatta derin ve hudutsuz bir bilgi elde edebilme derecesine ulaşamamış kalplere bile girer. Ve onlara verilen bu hediyeyi kullandıkları zaman (onları alçakgönüllülükle dolduran yetersizliklerinin kabulü ile beraber, Üst Işığın sırlarına yönelik ilgileri) dünyaya bereket ve bilgelerin büyük Işığını getirir.

Kabalist Raiah Kook

Yaradan'ın yolundan gitmeyi arzu eden kişiye Yaşar-El denir. Yaşar (doğru), El (Yaradan) dır. Bu şu demektir, kişi yaptığı her şeyi Yaradan'a doğru yükselmek için yapmak ister ve başka bir amacı yoktur.

Rabaş "Merdivenin Basamakları"

Yaşer-El "bir aklım var" demektir yani kişi Kutsallığın aklına sahip olduğuna inanır.

Baal HaSulam "Duydum" 143

Manavi İlim Neden İnsanlara Verilmiştir

İnsan olmak Yaradan'ın erdemidir, şöyle dendiği gibi, "O'na erdemli ulus olmak."

Neden manevi ilim herkese değil de Yaradan'a doğru olan insanlara verildi? Gerçek şudur ki yaratılışın amacı, hiç kimse eksik kalmadan tüm insanoğlu içindir. Fakat yaratılış doğasının düşük seviyede olması ve insan üzerindeki etkisi sebebiyle, onu anlayabilmek, tanımlamak ve onun üzerine çıkmaya razı olmak insanlar için imkânsızdır. İnsanlar, bencil olma halini terk etme arzusunu göstermedikleri için, O'nun niteliklerine tutunma dediğimiz form eşitliğine gelemezler, bilgelerimizin söylediği gibi, "O iyiliksever olduğundan, sen de iyilik sever ol."

Böylece, atalardan gelen erdemlik sebebiyle bazı insanlar bunu başarmıştır ve 400 yıl boyunca gelişmişler, vasıflı hale gelmişler ve erdemlik derecelerine çıkmaya kendilerini adamışlardır. Ulusun her bireyi dostunu sevmeyi kabul etmiştir.

Bir kişisine karşılık yüzlerce hatta daha fazla içlerinde Yaradan'a doğru bir eğilim olmayanların, yetmiş büyük ulusun arasında tek ve küçük bir ulus olarak, dostunu sevmeyi görev bilen ve içlerinde Yaradan'a doğru (Yaşar – EL) denilen o nokta olan insanları manen yüceltmek için, manevi ilim verilmiştir.

Baal HaSulam "Yaradan Sevgisi ve İnsan Sevgisi"

Raşbi'nin oğlu **Kabalist** Elazar, Aravut (Karşılıklı Sorumluluk) kavramını daha açık bir şekilde anlatır. Tüm halkın birbirinden sorumlu olması onun için yeterli değildir çünkü tüm dünya Aravut'a dahildir. Gerçekten de, bundan hiç şüphe yoktur çünkü herkes kabul eder ki dünyanın ıslahının başlangıcında manevi

Erdemliğin İncileri

edinim için tek bir grup insan yeterlidir. Bir defada tüm insanoğlu ile başlamak imkansızdır, çünkü dendiği gibi Yaradan tüm insanlara, her millette ve dile gitti fakat onlar almak istemediler. Diğer bir deyişle, onların bazıları hırsızlığa, bazıları zinaya, cinayete ve kendini sevmeye boğazına kadar o kadar batmıştı ki bu sebeple bencilliği bırakmayı kabul ederler mi diye sormak ve bunu düşünmek, o günlerde imkansızdı.

Dolayısıyla, atalarının erdemi yüzlerine yansımış olan, bilgelerin "Manevi ilim verilmeden önce onu tümüyle idrak etmişlerdi." Dediği Hz. İbrahim'in çocukları şında, Yaradan Işığı alacak yeterlilikte insanlar bulamadı.

Şüphesiz ki mübarek atalarımızın fiziksel arılığı ve ruhsal yüceliği oğullarını, oğullarının oğullarını büyük ölçüde etkilemiştir ve onların erdemliği, tüm bireylerinin görevin yüceliği kabul ettiği neslin üzerine yansımıştır ve her biri şunu açıkça belirtir "Beraber yapacağız ve beraber duyacağız." Bu sebeple, ihtiyaçtan dolayı ve tüm ulusların içinden kalpteki noktası olanlar olarak biz seçildik. Öyleyse, Yaradan'a doğru olanlar arzu edilen Ortak Sorumluluğun (Aravut) içinde olmayı kabul etmiştir, diğer insanlar ise bunu kabul etmediği için, yer almamışlardır. Yalın gerçek budur.

Baal HaSulam "Aravut"

Şöyle yazar, "Tüm insanlar arasında sen Ben'im hazinem olacaksın." Bu şu demektir, sen Ben'im hazinem olacaksın çünkü onlar buna hazır olmadığı için, arınmanın parlaklığı ve bedenin temizliği senin aracılığın ile tüm insanlara ve diğer uluslara geçecek. Ve bu koşulda, tüm insanlığa çare olması için, başlangıçta Ben'im bir grup insana ihtiyacım var.

Baal HaSulam "Aravut"

Manevi ilimi çalışan bir grup insanın birliği tüm realitenin özüdür ve bu öz, hem dünyevi hayatta hem de manevi olarak, edinim sahibi olan bir grup tarafından dünyaya aktarılır. İnsanın tarihi, ideal genel tarihin özüdür ve maneviyatta bulunmayan bir eylemin dünya milletlerinde de benzeri yoktur. Onun inancı en iyi öz, doğruyu açıklayan bir kaynak ve tüm inançlar üzerindeki en ideal olandır. Yine de her türlü inancı sorgulayan bir güçtür ta ki onları, Yaradan'ın ismini söylemek için berrak bir dil derecesine getirene kadar, "Tüm yeryüzünün Yaradan'ı denilen sizin Tanrı'nız, Yaradan'a kalbi dönenler en Kutsal olanıdır."

Kabalist Raiah Kook "Işıklar"

TÜM HALK BİRBİRİNDEN SORUMLUDUR

Tüm halk birbirinden sorumludur.

Sanhedrin

"Ve insanlar, dağın karşısında kamp yaptı. Bilgelerin söylediği gibi, tek kalpte, tek adam"

Baal HaSulam "Doğum Sancısın Anlamı ve Doğum"

Halkın her biri birbirinden sorumludur, yani tüm halk bir anlayıştadır.

Rabaş, "Merdiven'in Basamakları"

Erdemliğin İncileri

Ortak Sorumluluk'un (Aravut) gücüyle, herkes birbirini ıslah eder, böylece her şey ıslah olur.

Ramhal

Şöyle denir, "İnsanlar tek bir ulus olana kadar kurtulmayacaktır, şöyle söylendiği gibi; Yaradan, o günlerde ve o zamanda, Yaradan'ın Çocukları beraber gelecekler dedi. Öyleyse, onlar birlik oldukları zaman Kutsallığın itibarını alacaklar."

Bu sözleri size sundum, bu şekilde grubun yapısının ki bu dostunu sevmektir ve bunun dini bir anlayış ile bağlantılı olduğunu düşünmeyin. Daha ziyade bu, Kutsallığı edinmek için, tek bir grup olarak kalp birliğinin, ne kadar önemli olduğunu gören, bilgelerimizin öğretisidir.

Rabaş "Sosyal Yazılar"

Halkın her bireyi, birbirinden sorumlu olduğu zaman bu Ortak Sorumluluktur (Aravut). Çünkü, kalbini Yaradan'a çeviren her bir bireye, "Arkadaşını kendin gibi sev" sözleriyle tarif edilen, başkasını sevme anlayışını üstlenmeye razı mı diye, sorulmadan, manevi edinim onlara verilmemiştir. Bu şu demektir, halkın her bireyi, her üyesi için, çalışmayı ve özen göstermeyi kendinden üstün tutmalıdır ve kendi ihtiyaçları için yapması gerekenlerin daha azı olmamak koşuluyla, onların her ihtiyacını karşılamalıdır.

Ve tüm halk, ortak olarak bunu onaylar ve "Beraber yapacağız ve beraber duyacağız" derse, her biri halkın diğer her bir bireyini atlamadan ondan sorumlu olur. Bu şekilde, öncesinde değil ama maneviyatla ödülleindirilince buna layık olurlar.

Baal HaSulam "Aravut"

Erdemliğin İncileri

Eğer kişi, ruhunun tüm halkın her birinin içinde olduğunu hissederse, o zaman kişi İlk İnsan'da olduğu gibi tam ve kusursuz olur ve ruhu onun üstünde tüm gücüyle parlar.

Baal HaSulam "600.000 Ruh"

" Bazı insanlar uzaklara yayılıp, halkların arasına karışmıştır"

Haman, şunu söylemiştir, onları birbirinden ayrı olduğu için yok etmeyi başaracağız; dolayısıyla, onlara karşı gücümüz kesinlikle galip gelecek, çünkü bu Tanrı ile insan arasında ayrılığa sebep olur. Ve Yaradan, onlara O'ndan ayrı oldukları için hiçbir şekilde yardım etmez. Bu sebeple Mordehay bu bozukluğu ıslah etmek için gitti, yazılarda açıkladığı gibi "Halk toplandı" ve "hayatları için bir araya geldiler." Bu şu demektir, birliğe gelerek kendi hayatlarını kurtardılar.

Baal HaSulam "Duydum 144"

"Eşim, sen çok güzelsin." "Tüm ruh Yaradan'a dua edecek." Bütün olmak için, tüm ruhlar birliğe gelmelidir ve bir olduklarında, Kutsallık tüm haşmetiyle parlar çünkü o gelindir. Ve sonra "Eşim, sen çok güzelsin, ve kusursuzsun" kalır çünkü ortak birlik yoluyla herkes birbirini ıslah eder ve her şey ıslah olur.

Ramhal "Gelinin Süsleri"

Erdemliğin İncileri

TÜM DÜNYAYA KARŞI MANEVİ GRUBUN ROLÜ

Kalbi Yaradan'a doğru olanlar dünyaya ışığı getirir.

"Şarkıların Şarkısı"

Bir milletten dünyaya gelen iyilik, erdemlik yoluyla gelir.

Başlangıçta Bölüm 66

Yaradan'a kalbini açanlar tam bir bilgiyle bütünleşirse, bilginin ve aklın şelalesi tüm dünya halklarını sular.

Baal HaSulam "Yüzün Nur'u Kitabına Giriş"

İnsanların görevi kendilerini ve dünyadaki diğer insanları, insan sevgisiyle çalışarak O'nun rızası için denilen koşulda Yaradan sevgisine getirmektir, zira insan sevgisi O'na bağlanmak demek olan Yaratılış amacının ilk basamağıdır.

Baal HaSulam "Aravut"

Tüm grup, dünyadaki tüm halkların üzerinde mükemmelliğin ışıkları parlasın diye bir çeşit giriş kapısı gibi yapılanmıştır. Ve bu ışıklar her gün büyüyerek artar, ta ki tam bir doyum yani başkasını sevme esasında var olan haz ve mutluluğu tam olarak anlayana kadar gelişebilsinler. Bu şekilde, sağın dengesini sağlamayı öğrenip, O'nun örtüsü altında yer edinebilirler ve günahın kabuğu dünyadan yok edilir.

Baal HaSulam "Ortak Sorululuk"

Erdemliğin İncileri

Şunu bilin ki ıslahın ve genel amacın operatörü olarak seçilen, kalbi uyanan insanların içselliğinden bir dal uzanır. Bu dal, ortak amacı gerçekleştirmek için dünya uluslarını hareket ettirene kadar, gelişmek ve büyümek için gereken hazırlığı da içine alır. Dışsallıklarından uzanan dal ise dünya milletleridir. Amacı edinmek için kendilerini değerli yapan nitelikleri, onlara her seferinde bir tane olarak verilmez, daha ziyade, onlar Üst Köklerine uygun olarak, ıslahı bir seferde ve tam olarak almaya uygundurlar.

Baal HaSulam "Sahibesine Mirasçı olan Hizmetçi"

Yaradan'a yönelenler bir "bağlantı" noktası olmalıdır. Bu, grubun manevi çalışmaya tutunarak, kendini arındırması demektir ki böylece etkisini diğer insanlara geçirebilir. Ve geri kalan diğer uluslar da kendilerini erdemlik ölçüsüne getirdikleri zaman, kalpteki kıvılcım ifşa olacaktır. Kalpteki kıvılcımın rolü, sadece nihai amaç olan O'nunla birliğe gelmek için insanı vasıflandırmak değil, fakat aynı zamanda tüm insanlara Yaradan'ın yolunu öğretmektir, şöyle dendiği gibi, "Ve tüm uluslar O'na doğru akacak."

Baal HaSulam "Yaradan Sevgisi ve Yaratılan Sevgisi"

Ulusun uyanışı, büyük pişmanlıkların ve Üst Işığın ve onu takip eden tüm dünyanın, tövbesine temel oluşturur.

Kabalist Raiah Kook "Tövbenin Işığı"

Erdemliğin İncileri

Yaradan'a yönelenlerin, O'nunla bir olmaya layık olana kadar belli bir mükemmellik derecesi için, dünyayı vasıflandırma görevi, manevi ilmi aldıkları zamanki görevlerinden daha az değerli değildir.

Baal HaSulam "Ortak Sorumluluk"

Dünyanın ıslahının sonu, tüm insanları sadece O'nunla birliğe getirecektir, şöyle yazdığı gibi "Ve Yaradan tüm yeryüzünde Kral olacak ve o gün Yaradan ve Ad'ı bir olacak."

Yazıda şöyle der, "o günde" daha önce değil. Daha birçok böyle ayet vardır "Ve yeryüzü Yaradan'ın bilgisiyle dolacak" ve "tüm uluslar O'na doğru akacak."

Dünyanın geri kalanına karşı manevi grubun görevi, atalarımızın bize karşı görevine benzer: Tıpkı atalarımızın Yaradan'ın ifşasına layık olana kadar bizim gelişmemize ve ıslah olmamıza yardım etmeleri gibi, bizde onlara yardım edeceğiz ve geri kalan insanlardan kesinlikle bir ayrıcalığımız olmayacağız.

Baal HaSulam "Ortak Sorumluluk"

Karşılıksız vermek (özgecil olmak) insan doğasında nadiren bulunur; öyleyse grup tüm dünyaya örnek olmak için bunu uygulamalıdır.

Baal HaSulam "Çözüm"

Erdemliğin İncileri

Kalpteki noktası olan herkesin, kendi hazzı için değil Yaradan'a mutluluk vermek için yaptığı her bir Sevap, dünyadaki tüm insanların gelişmesine bir ölçüde yardım eder. Bunun sebebi, bir seferde değil, yavaş yavaş aşamalı olarak dünyadaki tüm insanları istenilen mükemmelliğe getiren dereceye kadar, yükselterek yapıldığı içindir.

Baal HaSulam "Ortak Sorumluluk"

Şimdi ölümcül yanlıştan dönmek ve ıslah olmak bize ve bize bırakılan manevi emanete bağlıdır. Bunu, her birimiz kendimize, içselliğin çalışmasını yoğunlaştırarak ve dışsallığının üzerine erdemliliği doğru yere koyarak, kalbimize ve ruhumuza hatırlatmalıyız.

Ve sonra, her birimiz manevi çalışmada içselliğinin yoğunlaşmasıyla ödüllendirileceğiz, yani bedenin ihtiyaçları olan içimizdeki dünya ulusları dediğimiz dışsallığımızın yerine, ruhumuzun ihtiyacı olan, içimizdeki Işık ile ödüllendirileceğiz. İçimizdeki dünyevi arzular bunu anlayıp, sevgi ve ihsan etmekteki büyük bilgelerinin erdemliği ile bilgilenip, onları dinleyip, tavsiyelerini uygularlarsa, bu etki tüm kalplere gelecek.

Ve şu sözleri takip etmeliyiz "Ve insanlar onları alacak ve onları yerine koyacak: Halk, onlara Yaradan'a olan arzularında sahip olacak." "Ve onlar senin oğullarını kollarında getirecek ve kızların onların omuzlarında taşınacak." Zohar'da, "bu nitelik yoluyla" denilen ki bu Zohar Kitabı'dır, "sürgünden merhametle çıkarılacaklar" denir.

Baal HaSulam "Zohar Kitabına Giriş"

Erdemliğin İncileri

Bilgelerimiz şu sözlerin sebebi için şöyle dediler: Öyleyse, tüm dünyada barışın iyiliği, gücün önündedir yani kurtuluşun, çünkü "Yaradan, O'na kalbini yönlendirenlere iyilik vermek için barıştan başka bir var oluş bulamadı." Yine de, bencillik ve kendini sevme tüm biz dahil tüm insanların içinde olduğundan, Aravut'ta (Ortak Sorumluluk) yazdığı "Ve sen bana erdemli insanlar krallığı gibi olacaksın" sözlerinin açıklaması olan, Yaradan'a tüm saflığıyla ihsan ederek hizmet edemeyecekler. Biz bunu tecrübelerimizden görüyoruz ki Yaradan'a geri dönmek ve kutsallığı inşa etmekten vazgeçemeyiz ve Yaradan'ın atalarımıza verdiği söz gibi ihsan etmeyi edineceğiz.

İşte bu yüzden şöyle derler, "Yaradan O'na kalbini çevirenlere iyilik vermek için bir kap bulamadı," yani bizler bile, atalarımızın bereketini almaktan uzağız. Öyleyse, sonsuzluk için ödünç aldığımız arzu için yeminimiz tam olarak yerine getirilmedi çünkü dünya barışı, İshak'ın peygamberliğinde olduğu gibi, atalarımızın bereketini almaya olanak tanıyan yegane kaptır.

Baal HaSulam "Barış"

GRUP DÜNYAYA KARŞI GÖREVİNİ YAPMALIDIR

Halkların puta tapmasına, insanların manevi çalışmaya bağlanmasından başka hiçbir şey engel olamadı. İnsanlar içselliğe bağlandığı sürece Işık - sağ çizgi - güçlenir ve puta tapanların gücü kırılır. İnsan manevi çalışmasına bağlanmazsa, sol güçlenir ve puta tapanlar – sol çizgi için çalışan - gücü artar ve içselliğe hükmeder ve onlara katlanamayacakları acılar yükler. Bu sebeple sürgüne gönderilmiştir ve dünya milletleri içine dağıtılmıştır.

Sulam Önsözüyle Zohar Kitabı

Erdemliğin İncileri

Böyle bir nesilde, dünyadaki yıkıcılar başlarını kaldırıp Yaradan'a kalbi yönelenleri öldürmek ve yok etmek ister, şöyle yazdığı gibi "Yaradan'a doğru olanlar haricinde dünyaya felaket gelmez." Bu şu demektir yukarıda söylendiği gibi, onlar tüm dünyaya fakirliği, hırsızlığı, ölümü ve yıkımı getirdi.

Ve birçok yanlış sebebiyle, biz tüm bu yukarıda bahsedilenlere şahitlik ettik. Şimdi bu ölümcül yanlışları düzeltmek bize ve kutsal yazılara bağlı. Bundan sonra her birimiz, tüm kalbimiz ve ruhumuzla, dışsallığımızdan çok daha fazla hak ettiği içselliğini arttırmayı üstlenelim.

Baal HaSulam "Zohar Kitabına Giriş"

1933 yılında görüşlerimin ana fikrini anlattım. Aynı zamanda dönemin liderleriyle de konuştum fakat dünyanın yıkımı ile ilgili uyarıcı sözlerim tüm gücümle haykırmama rağmen kabul edilmedi. Ne yazık ki bu sözlerim hiç etki yapmadı.

Şimdi dünya, atom ve hidrojen bombalarından sonra, sonunun hızla yaklaştığına inanacak ve daha önceki savaşta olduğu gibi biz acı çeken ilk millet olacağız. Öyleyse bugün, dünyayı tek çözümü kabul edip uyandırmak için uygun bir zamandır böylece yaşamaya ve var olmaya devam ederler.

Baal HaSulam "Çözüm"

Fakat eğer Allah korusun, tersi olarak aramızdan bir kişi, ruhumuzun durumu ve derecesiyle ilgilenen içselliğinin, sırlarının ve ıslahının tadını, sadece fiziksel kısmıyla ilgilenen dışsallığının avantajına karşılık, değerini küçültürse? Aynı zamanda kişi, ara sıra içselliğine bağlanırsa ve gündüz veya gece gerekli görmeye-

Erdemliğin İncileri

rek vaktinin çok azını buna harcarsa ve dünyanın dışsallığı onların üstünde onurlandırırsa, bununla dünyanın içselliği olan manevi grubu düşürür ve onurlandırmaz. Sanki dünyanın onlara ihtiyacı yokmuş gibi onları aşağılarlar.

Baal HaSulam Zohar Kitabına Giriş

Eğer halk gerçeğin inancı ("Dostunu kendin gibi sev" denilen başkalarına ihsan etmek) kabul ederse, Yaradan'ın ifşası tekrar gerçekleşecek. Ve bu, tüm insanlara manevi arzuya geri dönmedeki gerekliliği tekrar gösterecek. Fakat bugünkü gibi fizikselliğe dönüş, dünyadaki milletlerini hiç etkilemez, kendi ihtiyaçları için bizim bağımsızlığımızı satmalarından korkmalıyız.

Baal HaSulam "Çözüm"

İnsanların kurtuluşu ve yükselişi, Zohar ve maneviyatın özünün çalışmasına bağlıdır. Ya da tersi olarak, üzerimize tüm yıkım ve gerileyişi, içselliklerini bıraktıkları zaman olur. Onun erdemliğini alçaltıp, fizisellikle gereksiz hale getirebilirler.

Baal HaSulam "Zohar Kitabına Giriş"

Neden Şimdi?

BİZİM NESLİMİZİN SON NESİLİN ZAMANINA ULAŞTIĞININ İSPATI

Bizim neslimiz son nesilin dönemidir. Bu sebeple, maneviyata olan arzumuzu dışsallığın elinden kurtarmakla görevlendirildik. Aynı zamanda, "her bir kişi komşusuna, kardeşine şöyle öğretecek 'Yaradan'ı bil', böylece en küçüğünden en büyüğüne kadar, herkes Ben'i bilecek." dendiği gibi, Zohar Kitabı'nın ifşasıyla ödüllendirildik.

Baal HaSulam

Önümüzdeki tüm Zohar yorumları, Zohar'ın zor bölümlerinin yüzde onunu bile açıklayamaz. Ve açıklayabildikleri az kısımda bile, sözlerinin anlaşılması Zohar'ın kendisi kadar zordur.

Bu dönemde bizler, Zohar'ın tüm sözlerinin tam bir açıklaması olan Sulam (Merdiven) tefsiri ile ödüllendirildik. Bu tefsir, çeviri gerektirmeden tüm Zohar'da anlaşılamayan bir bölüm bırakmamıştır, aynı zamanda açıklamaları orta seviyedeki bir öğrencinin bile anlayabileceği basit bir analize dayanır. Zohar bizim neslimizde ifşa olduğundan, şu açık ispattır ki, son nesil zamanlarındayız ve söylendiği gibi "yeryüzündeki herkes Yaradan'ın bilgisiyle dolacak."

Baal HaSulam "Zohar'ın Bitişi için Konuşma"

Kim benden daha iyi bilecek ki, bu sırları açmak ve tam anlamıyla anlamak için hem bir elçi hem de bir yazman olmaya layık değilim. Neden Yaradan bana bunu yaptı? Bunun sebebi, neslin

Erdemliğin İncileri

tam kurtuluşun kapısında duran son nesil olduğu için, buna layık olmasıdır. Bu sebeple, sırların ifşası olan Mesih'in Boru'sunu (Şofar) duymaya başlamak çok değerlidir.

Baal HaSulam "Mesih'in Borusu"

Gerçeğin ilminin açılmasına izin verilen böyle bir nesilde doğduğum için çok memnunum. Ve siz şunu sorabilirsiniz "İzin verildiğini nereden biliyorum?" Buna şöyle cevap veririm, açma izni bana verildi. Şimdiye kadar, halka açık olarak her bir kelimesini açıklayan ve anlamayı mümkün kılan bir yol başka hiçbir bilgeye ifşa olmadı. İşte Yaradan'ın bana bütünüyle verdiği budur. Bunun bilgelerimizin büyüklüğüne değil, neslin durumuna bağlı olduğunu görüyoruz, bilgelerin dediği gibi "Küçük Samuel layıktı fakat onun nesli layık değildi." İşte bu sebeple ilmi açmakla ödüllendirilmem neslim sebebiyledir.

Baal HaSulam "Kabala Öğretisi ve Özü"

Tüm Kabala ilmi Yaradan'ın ifşasından bahsettiğinden, elbette amaç olarak ondan daha başarılı başka bir şey yoktur. Kabalistlerin amaçladığı şey budur-onu çalışabilir hale getirmek. Böylece gizleme zamanına kadar onu çalıştılar. (Belli bir sebeple gizlenmesine karar verilmiştir). Ama bu sonsuza kadar değil belli bir süre içindir, Zohar'da yazdığı gibi "Bu ilim zamanın sonunda, çocuklara bile ifşa olması için planlanmıştır."

Baal HaSulam "Kabala Öğretisi ve Özü"

Erdemliğin İncileri

Üst Güç'ten gelen gerçeğin ilmini açıkça çalışmaktan kaçınma yasağı, 1490 yılının sonuna kadar belli bir süre için sınırlandırılmıştır. Bundan sonraki nesil, bu yasağın kaldırılıp Zohar'a bağlanmaya izin verildiği için son nesil olarak kabul edilir. 1540 yılından beri genç, yaşlı herkesin çalışması büyük sevaptır ve bunun sonucunda sebepsiz yere ihmal etmek uygun değildir.

Kabalist Abraham Ben Mordehay

Zohar'ın yazarları Raşbi ve onun nesli, son nesil döneminden önce olmalarına rağmen, 125 dereceyi bütünüyle edinmişlerdir. O ve onun öğrencileri için şöyle denir "Bir bilge resule tercih edilir." Öyleyse, Zohar'da sıklıkla şunu buluruz ki, kurtuluş nesline kadar Raşbi'nin nesli gibi olan yoktur. İşte bu nedenle Yaradan'ın ifşasının sırları 125 dereceyi de barındırdığından, bu çalışma dünyada büyük yankı uyandırdı.

Zohar'da şöyle yazar; Zohar Kitabı sadece son nesilin zamanında ifşa olacaktır. Bu böyledir çünkü daha önce söylediğimiz gibi, öğrencilerin derecesi yazarın tam derecesinde değilse, ortak bir edinimleri olmadığı için, onun anlatmak istediğini anlamazlar.

Zohar'ın yazarlarının derecesi 125 tam seviyede olduğundan, son nesil zamanından önce edinime sahip olamazlar. Son neslin zamanından önceki nesilde Zohar yazarlarıyla ortak bir edinim olmayacaktır. Öyleyse, Zohar son nesilden önce ifşa olmayacaktır.

Baal HaSulam "Zohar'ın bitişi için Konuşma"

Erdemliğin İncileri

Kardeşim, şuna güven ve bil ki, 5. binyılın erken dönemleri ve önceki nesiller, bu günler ve bu nesil gibi değildir. O günlerde, ilmin kapıları kapalı ve kilitliydi. Bundan dolayı Kabalistler sadece birkaç kişiydi.

Zamanın sonuna yakın olduğu için, Işıkların ve Rahmetin kapıları açık olduğundan, 6. binyılda bu böyle değildir. Ve şimdi, O'nun Krallığının ihtişamının sonsuza kadar bilinmesi, büyük rahatlık ve Sevapların mutluluğu zamanıdır. Özellikle şimdi, eski zamanlardan beri bin anahtar ile kilitli ve mühürlü olan Işığın kapılarını bizim için açan ve ifşa eden Ari Lurya'nın kutsal yazıları basılmıştır, ki onun tüm sözleri, İlyas Peygamber'in izniyle ifşa olmuş Tanrı'nın sözlerdir. Şimdi ifşa olanla birlikte, önümüzde hiçbir engel ve tehlike kalmamıştır.

Kabalist Pinhas Eliahu Ben-Meir

Son nesil dönemi yaklaştığından, dünyadaki çocuklar bile, ilmin sırlarını bulacak, kurtuluşun zamanını ve sonunu içlerinde bilecek. Aynı zamanda herkese birden ifşa olacak.

Zohar Kitabı VaYera, Madde 460

KURTULUŞ İÇİN BİR ŞANS

Her ne kadar Yaradan, bize O'na doğru bir arzu verdiyse de, henüz alamadık. Bundan hoşlanmıyoruz. Fakat bu şekilde Yaradan bize kurtuluş, mükemmel olmak, günahlardan arınmak ve manevi çalışma ve ıslah olarak Yaradan ile bir olmak için bir şans verdi. Bu zamanda Yaradan'ın ifşası için bir yer oluşacak ve arzularımızı kendi elimize alabileceğiz. Ve böylece kurtuluşun hazzını hissedip, deneyimleyeceğiz.

Baal HaSulam

Erdemliğin İncileri

Eğer insanlar "Dostunu kendin gibi sev" formundaki var oluşu kabul ederse, Yaradan'ın ifşa olabileceği bir koşul eskiden olduğu gibi yeniden oluşur. Bu tüm uluslara manevi ilmi bilenlerin erdemliğini ispat eder. Ama bugünkü gibi bir durum, ulusların hepsini etkilemez ve ihtiyaçları için bizlerin özgürlüğünü satmalarından korkmalıyız.

Baal HaSulam "Çözüm"

Zohar'da yazılanları şimdi anlayabilirsiniz: "Bu şekilde insanlar sürgünden kurtulacaktır." Bu şekilde birçok yerde manevi ilmin kitlelere anlatılmasıyla, tam bir kurtuluş elde edeceğiz.

"Islah eden Işık" denir. Bu konuda "gümüşün içindeki altın elmalar gibi" olan içindeki ışığı göstermek için çok dikkatliyiz çünkü içinde kişiyi ıslah eden şifa vardır. Hem bireyler hem de uluslar yaratıldıkları amacı, yaratılışın içselliğini ve onun sırlarını edinmeden tamamlayamazlar.

Baal HaSulam Yüzün Nur'u Kitabına Giriş"

Yaradan'a doğru olanların kurtuluşu ve yükselişi Zohar çalışmasına ve içselliğe bağlıdır. Ve tersi olarak gerilemesi ve yıkımı içselliği ihmal ettikleri içindir. Onun erdemini düşürürler ve onu gereksiz kılarlar.

Baal HaSulam "Zohar Kitabına Giriş"

Erdemliğin İncileri

KABALA İLMİNİ ANLATMANIN ÖNEMİ

Üst güçten gelen, gerçeğin ilmini açıkça çalışmaktan kaçınma yasağı 1490 yılının sonuna kadar ki sınırlı bir süre içindir. Ondan sonrası yasağın kalktığı ve Zohar'ı çalışma izninin verildiği, son nesil olarak kabul edilir. Ve 1540 yılından beri, büyükten küçüğe herkesin çalışması büyük Sevaptır. Ve sonuç olarak son nesilin zamanı gelme nedeniyle onu ihmal etmek uygun değildir.

İbrahim Ben Mordehay Azulay

Uzun bir zamandır inancım bana, ortaya çıkıp içselliğin özüne, dine ve Kabala ilmine ilişkin temel ilkeleri açıklamam ve nesillere anlatmam için sorumluluk veriyor, böylece insanlar bu yüce konuları gerçek anlamıyla anlayıp, bilecekler.

Baal HaSulam "Hareket Zamanı"

Tam kurtuluştan önce bilinmesi şart olan, gizli olan ilmi büyük kitlelere açmak.

Baal HaSulam "Mesih'in Borusu"

İlk olarak ihtiyacımız olan, ulusun arasında gerçeğin ilminin yayılmasıdır, böylece Yaradan'dan alacağımız faydaya layık olabiliriz. Bu nedenle, ilmin yayılması ve ıslahın gelişi birbirine bağlıdır. Öyleyse, insanlar arasında ilmin dağıtımını hızlandırmak için, seminerler vermeli ve kitaplar yayınlamalıyız.

Baal HaSulam "Yüzün Nur'u kitabına Giriş"

Sadece bu sırları açmak yasak değil, aynı zamanda onları açmak da büyük Sevaptır. Ve kim nasıl açılacağını bilir ve açarsa, ödülü çok olur. Bu Işıkları birçoklarına açmak, kurtuluşun çok yakında bu zamanda gelecek olmasına bağlıdır.

Baal HaSulam "On Sefira Çalışmasına Giriş"

Şöyle yazar, her bir ulus bir erdemliye tutunacak ve kutsal bir arzu için ona yol gösterilecek. Fakat bu onların yola çıkması için yeterli değildir. Dünyadaki halkların böyle bir istek ve fikre nasıl geleceğini, anlamış olmalısınız. Şunu bilin ki bu, gerçeğin ilminin dağıtımı yoluyla olur, böylece gerçek kanunları ve Yaradan'ı açıkça görürler.

Ve kitlelere ilmin dağıtımına "Boru (Şofar/ Boynuzdan yapılan borazan)" denir. Sesi uzaklara kadar yayılan boru gibi, ilmin yankısı da tüm dünyaya yayılacak böylece tüm uluslar erdemli olanlarda Tanrısal ilmin olduğu bilgisini duyacaklar.

Baal HaSulam "Mesih'in Borusu"

Yaradan bilgisi en tepede olan genel ilmi ayrıntılı olarak içine alan otantik kaynaklar tüm manevi yönleriyle bağlanmak ve onu yaymak zorunluluğu, insanlar için daha anlaşılır ve yaygın olması için, derinliğine bağlı olarak analiz, açıklama ve yorum gerektirir.

Otzrot HaRaiah

Erdemliğin İncileri

Dünyaya, gizli ilmin Işıklarını yansıtırken, güçlü ol dostum. Tüm dünyanın, maneviyattaki tüm sırların içindeki gizli Işığın ortaya çıkmasına bağlı olan kurtuluşunu, göreceğimiz ve bileceğimiz günler şimdi çok yakın.

Kabalist Raiah Kook Mektuplar

Sadece yüce ve mükemmel olanlarca çözülebilen büyük manevi sorunlar, şimdi tüm dünya ulusları için farklı derecelerde yüksekten aşağıya, sıradan ve yaygın bir düzeye indirilerek çözülmelidir. Bu sürekli ve sabit bir çalışma ile tam bir edinim ve muhteşem bir ruh gerektirir ki böylece susamış ruhları canlandırmak için, derin konuları hafif ve popüler bir şekilde anlatarak, zihin açılır ve dil daha açıklayıcı hale getirilir.

Kabalist Raiah Kook

Maneviyatın sırlarının ifşası eğilimi hayatta ve gerçeklikte en ideal amaçtır. Kutsallığın içeriğini örten karanlık, insan ruhunu eksiltir ve isteğini azaltır. Böylece birey tükenir, bireylerin cansızlaşmasıyla tüm toplum cansızlaşır ve uluslar, çocuksu ruhlarını yok edip ruhen fakirleşirler.

Kabalist Raiah Kook

Hayatın anlamı, tam anlamıyla Yaradan'dan fayda sağlamak için O'nla birliğe gelmek veya toplumu O'nla birliğe getirerek ödül almaktır.

Baal HaSulam"Çözüm"

ZOHAR KİTABI

Kabalist Şimon Bar Yohai ve Arkadaşları

Şüphesiz, Raşbi ıslahı sırasında mağarada ona gelen bilgilendirmeye göre, Zohar Kitabını oluşturdu. Bu çok yüce, hayranlık uyandıran ve derinliğindeki sırları Musa'ın beş kitabından daha fazla açığa çıkaran bir eserdir ve buna içselliğin özünün ifşası denir.

Ramhal

Mağarada geçirdiği 13 yıldan sonra, sadece onun zamanında, tüm insanların zamanın sonuna kadar parlaması için, ilmin kapıları Raşbi'ye açıldı.

Ramhal

Son nesil zamanından önce olmasına rağmen, Zohar'ın yazarları Raşbi ve onun nesline, 125 derecenin bütünü bahşedildi. O ve öğrencileri için şöyle denir: "Bir bilge peygambere tercih edilir." Dolayısıyla Zohar'da sıklıkla görürüz ki son nesile kadar, Raşbi'nin nesli gibi başka bir nesil yoktur. Bu sebeple bu eser, yazılanların sırları tüm 125 dereceyi de kapsadığından, dünyada büyük etki yapmıştır.

Baal HaSulam" Zohar'ın Bitişi için Konuşma"

Bizlerin, Raşbi ve arkadaşları dışında hiçbir zaman dışsallığın kabuğunu söküp atmaya gücümüz yoktur.

Ramak "Yaradan'ını Bil"

Erdemliğin İncileri

Arkadaşları onun sesini dinledi, kendi bölümlerinde ona bağlandı ve Kabalist Şimon Bar-Yohay bu eserde yaratılışın tüm sırlarını ifşa etti. Tıpkı hocamızın arkadaşlarının tüm düşüncelerini harmanlayıp önceden yazdıkları gibi.

Benzer şekilde, Kabalist Bar-Yohay, beş kitaba dair okuldaki öğrencilerinin tüm yazılarını da içine alan, daha birleştirilmiş bir kitap yazılmasını istedi. Bu eserler bireysel konulardan bahsettiğinden, Musa'nın beş kitabıyla bağlantılı olarak düzenlenmiş olan Zohar'a "Tüm beş kitabın bütünlüğünün büyük açılımı" denir. Kabalist Şimon Bar-Yohay, Kabalist Abba'ya bilgelerin sözlerini, öğrencilerin söylediklerini derleme ve yazma, nerede ve ne zaman olursa olsun her şeyi o kitapların düzenine göre oluşturma görevini verdi.

Ramhal

ZOHAR KİTABININ ÖNEMİ

Üst Nur'dan (Zohar) gelen Işığın etkisi sebebiyle bu kitaba Zohar Kitabı denmelidir. Onun Işığı vasıtasıyla ona bağlananlar İlahi Nur'dan pay alır çünkü Üst Işık ve mantık ötesi bereket manevi ilmin sırlarından gelir. Oradan geldiğinden dolayı bu esere Zohar Kitabı denir, yani Nur'dan bize gelen.

Ramak "Yaradan'ını Bil"

Kalbi Yaradan'a doğru olanlar, kutsal Zohar Kitabı dediğimiz Hayat Ağacı'ndan tatması kaderinde olduğundan, sürgünden kurtulacaktır.

Kabalist Şimon Bar-Yohay "Zohar Kitabı"

Erdemliğin İncileri

Halkın kurtuluşu ve yükselişi Zohar'ı ve maneviyatın özünü çalışmasına bağlıdır.

Baal HaSulam "Zohar Kitabına Giriş"

Zamanla bu nokta maneviyatın özünün hızlandırılmış edinimini talep eder. Zohar Kitabı yeni yollar bulur, çölde bir yol yaratır böylece Zohar ve onun tüm ürünleri, kurtuluşun kapılarını açmaya hazır olur.

Kabalist Raiah Kook "Işıklar"

Zohar'ın Işığını görmeyen kişi, hiç Işık görmez.

Ziditshov'lu Kabalist Tzvi Hirş

Bu kitaba bağlanarak kişi, Musa'nın gücüyle beraber ruhların gücünü de uyandırır. Onu çalışırken bu böyledir, yazılış sırasında yarattığı Işığı, canlandırınız. Ve kutsallık bu Işıktan gelen aydınlanmayla parlar, tıpkı ilk yaratıldığı zaman gibi. Ve ona bağlananlar, Raşbi ve arkadadaşlarının onu yazarken ifşa ettikleri ilk Işığı ve aynı iyiliği elde ederler.

Ramak "Kıymetli Işık"

Zohar'ı çalışmanın buna muktedir olduğu açıktır. Şunu bilin ki Zohar'ı çalışmak bir arzu yaratır ve onun kelimeleri fazlasıyla Yaradan'ın ilmini uyandırır.

Kabalist Nahman

Erdemliğin İncileri

Gururdan kurtulmak için Kabalist'a sordu ve sürekli olarak bu konuda ona yalvardı.. Kabalist ona "Zohar'ı çalış" dedi ve o da "Zohar'ı çalışıyorum" diye cevap verdi. Ve Kabalist şöyle cevap verdi "Zohar'ı çok çalış."

Kabalist Pinhas Şapira

Zohar'ı çalışmanın önemi zaten bilinir, Ari'nin "Zohar Kitabını ve beş kitabın sırlarını tek bir gün bile çalışmak bütün bir yıl düz anlamlı çalışmaya eşittir." dediği gibi.

"Zohar'ın Girişi"

Zohar ve ifşa olanın çalışmasında ve de ıslahta haz ve yaşam arasında hiçbir ilişki yoktur. Kişi kendine şunu söyler; Zohar ve ıslahla karşılaştırılınca, Gemara çalışmasında bile bir haz ve yaşam yoktur.

Koritz'li Kabalist Pinhas Şapira

Kişi tam olarak ne dediğini anlamasa da Zohar'ın dili ruhun şifasıdır. Bu, parfümeri dükkanına girmek gibidir; hiçbir şey almasa bile parfümün kokusunu duyar.

Kabalist Musa Haim Efrahim

Zohar Kitabındaki Tanrı'nın sözlerini, ona eşlik edenleri ve gerçek bilgelerin sözlerini ve özellikle de Ari'nin açık yazılarını çalışmanın hiçbir ölçüsü veya miktarı yoktur. Sürekli bir bağlan-

Erdemliğin İncileri

ma ile Işığın kapıları ve ilmin açılımı, tüm kalbiyle Yaradan'ın yolundan giden, sonsuza kadar yaşayan saygıdeğer Kral'ın yanında olmaya can atan bir ruha sahip kişiye, ifşa olacaktır. Öyleyse, günde bir veya iki saat bunu çalışan gönüllü kişi, kutsanacaktır.

Kabalist Raiah Kook

Gerçeği arayan ve özlem duyan arkadaşlarım, eşlikçilerim ve kardeşlerim duyun beni –Yaradan'ın memnuniyetini görmek ve O'na erişmek istiyorsanız: Ruhum Zohar Kitabına bağlanacak ve onun önünde eğileceğim tıpkı kadim bilgelerimiz yaptığı gibi.

Kabalist Tzvi Hirş Eihenstein

Kalpteki noktası olan kişinin yaşam gücü Zohar'a bağlıdır. Herkes edinimine ve kutsallığına göre haz, neşe, korku ve sevgiyle çalışır ve tüm halk kutsanır.

Kabalist İsak Yehuda Yehiel Safrin

Zohar'ı çalışmanın onuru ve erdemi biliniyor: onlar her tür trajediyi, zor ve kötü iradeyi iptal ederler.

Kudüs'ün Erdemlileri

Zohar'daki her bir kelime ve yüce öğretmenimiz Kabalist Haim Vital'in yazıları, ruh için tüm rekarnasyonu ıslah eden büyük bir ıslahtır.

Kabalist İsak Yehuda Yehiel Safrin

Erdemliğin İncileri

Şunu bilin ki sevgi, korku ve ahenkle tüm Zohar Kitabını çalışma zorunluluğu, ona tutunmak, bilhassa Tanrı'nın gizli öğretilerde ve aramızdaki birlikte olduğunu bilmek, pozitif bir Sevaptır.

Kabalist İsak Yehuda Yehiel Safrin

Oğullarım ve kardeşlerim, Islahın ve Zohar'ın sözlerini çalışmaya kendinizi alıştırınız. Baldan tatlı Zohar'ın Işığını hiç görmemiş kişi, yaşamında Işıkları görür ama tadını hiçbir zaman alamaz. Üstelik bu Işık ruhu temizler ve saflaştırır. Dudakların arasında çıkan sade bir söz bile ruhun ıslahı için büyük bir şifadır. Özellikle hastalık, bozukluk ve yıkımın gerçek ıslahı olan ıslah kitabını çalışmak büyük şifadır.

Kabalist İsak Yehuda Yehiel Safrin

Ediniminle ilgili olarak öğretmenim Ari, Kabalist Abraham HaLevi'ye şu tavsiyeyi verdi; Zohar'ı sadece bilgi için günde 40 yada 50 sayfa okuyup, derinliğine inmeden çalışmak ve Zohar Kitabını birçok defa okumak.

Kabalist Haim Vital

"Ve bilge kişi gökyüzünün ışığı gibi parlayacaktır" diye sözü edilenler, Kabala'nın yazarlarıdır. Bu kişiler, Zohar dediğimiz bu ışıkta çaba harcayan, tıpkı Nuh'un gemisi, yedi krallık ve bir şehirden bir kişi veya bir aileden iki kişi gibi "Doğan her bir oğlan çocuğunu Nil nehrine atacaksın" sözünün gerçek olduğu kişilerdir. Manevi ilime "oğul" denir. Yeni doğan, edinimdir. "Nil" maneviyatın ışığı demektir. "Atmak" şunun gibidir "Çalışacaksın", yani içinde doğan her bir sezgiyi kaynakların ışığı ve ruhuyla çalışacaksın. Bu Zohar Kitabının ışığıdır.

Zohar Kitabı

Bilgelerimizin, Zohar Kitap'ını çalışmak büyüleyici ve yücedir diye yazmasının sebebi budur. Tüm kitaplarda ve onun bütün çalışmalarında saklı olanın açık olmadığı Pardes (Bilgi Bahçesi) vardır. Ayrıca, sadece düz anlamını tekrar eden bir okuyucu beş kitabın sırlarını anlamaz. Sırların açık olduğu ve öğrencilerin kitapların sırlarından ve harikalarından bahsettiğini bildiği Zohar Kitap'ında ise böyle değildir ve bu ruhu islah etmenin tek yoludur.

Kabalist Haim

Öğretmenimiz Ari ve Zohar aracılığı ile her dakika yeni bir Işık ortaya çıkar, ta ki yeni bir yaratılış oluşana kadar.

Heihal HaBraha

İnsanın kalbinin Işığa uyanması ve baldan tatlı olan ilmin özünü çalışması, gözlerini açar, ruhu yeniler, gözdeki ışık gibi güzel, ruh için deva olur ve iyi, dürüst niteliklerle onu güzelleştirmek ve aydınlatmak, bu dünyadayken gelecek dünyanın gizli Işığının lezzetini tatmak Zohar ilmi vasıtasıyla mümkün olur.

Kabalist İsak Yehuda Safrin

Erdemliğin İncileri

Zohar'ı çalışmak dünyalar inşa eder. Eğer kişi onu çalışmakla ve makalenin anlamını anlamakla ödüllendirilirse, bundan çok daha fazlasını elde eder. Bir saatlik bir çalışma kişiyi, düz anlamlı okuduklarının bir yıllık çalışmasının yaptığından daha çok ıslah eder.

Kabalist Selam Musaoğlu Buzzaglo

Ari'nin öğrencilerinin yazılarıyla ilgili olarak, bana soru soran bir öğrenciyi şöyle cevapladım; Zohar çalışması, ruhu aydınlatan ve onu kutsallaştıran büyük bir ıslahtır. Ne yazdığını anlamasa bile her gün Zohar'ın beş sayfasını çalışmaya devam eden kişiye, Ari bu ıslahı verir çünkü onu okumak ruhu aydınlatır ve ıslah eder. Görülüyor ki Zohar'ın özellikle geçmiş nesillerde yazılmış kitaplardan daha fazla bir gücü olduğudur. En hayret uyandırıcı olansa, onun tüm beş kitaptan ve peygamberlerin ve diğer yazarlarınkinden daha büyük olan gücünün şeklidir; bunlar Ari'nin sözleri.

Ve ona şunu söyledim; şüphesiz manevi çalışması, özellikle gerçek Allah rızası için ise, yüceltir ve yükseltir. Gerçekten, o bizi en sevilen ile birliğe getirir, dünyaları ıslah eder ve yükselişleri inşa eder. Ayrıca Zohar çalışmasının büyüklüğü şudur ki Hz. Musa'nın beş kitabı, peygamberlerin yazıları fazlasıyla örtülmüştür ve içinde saklı olan kesinlikle ayırt edilemez. Oysa Zohar, beş kitabın sırlarından açıkça bahseder ki eğitimsiz bir okuyucu bile sözlerinin sırlarının derinliğininden geldiğini anlar. Dolayısıyla, yazılanların sırları örtüsüz ve açık olduğunda, ruhu aydınlatır ve ışık verir.

Hida

Erdemliğin İncileri

Şüphesiz, Raşbi ıslahı sırasında mağarada ona gelen bilgilendirmeye göre, Zohar Kitabını oluşturdu. Bu çok yüce, hayranlık uyandıran ve derinliğindeki sırları beş kitabın kendisinden daha fazla açığa çıkaran bir eserdir ve buna maneviyatın özünün ifşası denir.

Ramhal

Mağarada geçirdiği 13 yıldan sonra, sadece onun zamanında, tüm insanların zamanın sonuna kadar parlaması için, ilmin kapıları Raşbi'ye açıldı.

Ramhal

Sone nesilin zamanından önce olmasına rağmen, Zohar'ın yazarları Raşbi ve onun nesline, 125 derecenin bütünü bahşedildi. O ve öğrencileri için şöyle denir: "Bir bilge peygambere tercih edilir." Dolayısıyla Zohar'da sıklıkla görürüz ki son nesile kadar, Raşbi'nin nesli gibi başka bir nesil yoktur. Bu sebeple bu eser, maneviyatın sırları tüm 125 dereceyi de kapsadığından, dünyada büyük etki yapmıştır.

Baal HaSulam" Zohar'ın Bitişi için Konuşma"

Bizlerin, Raşbi ve arkadaşları dışında hiçbir zaman beş kitabın kabuğunu söküp atmaya gücümüz yoktur.

Ramak "Yaradan'ını Bil"

Erdemliğin İncileri

Arkadaşları onun sesini dinledi, kendi bölümlerinde ona bağlandı ve Kabalist Şimon Bar-Yohay bu eserde Işığın tüm sırlarını ifşa etti. Tıpkı hocamızın arkadaşlarının tüm düşüncelerini harmanlayıp Tekrar Kitabına koyduğu gibi.

Benzer şekilde, Kabalist Bar-Yohay, yazılanlara dair okuldaki öğrencilerinin tüm yazılarını da içine alan, daha birleştirilmiş bir kitap yazılmasını istedi. Bu eserler bireysel konulardan bahsettiğinden, yazılanlarla bağlantılı olarak düzenlenmiş olan Zohar'a "Tüm Işığın bütünlüğünün büyük açılımı" denir. Kabalist Şimon Bar-Yohay, Kabalist Abba'ya bilgelerin sözlerini, öğrencilerin söylediklerini derleme ve yazma, nerede ve ne zaman olursa olsun her şeyi beş kitabın düzenine göre oluşturma görevini verdi.

Ramhal

Maneviyat ve Sevaplar

Manevi Çalışma

Yüceliği sonsuz, Yaradan'ın özünden yayılan saf Işık, manevi çalışmadadır.

Baal HaSulam "Bilgelerin Ağzından Kitabına Giriş"

Yaratılanlara verilen, Yaradan'ın tüm Adları, manevi derecelerdir.

Baal HaSulam "İşleyen Akıl"

Maneviyat sözü, Horaa (emir), Maraa (gösterme) ve Reiah (görme) kelimelerinden gelir, yani ardında hiç boşluk bırakmadan tam bir farkındalık anlamındadır.

Baal HaSulam "Mektup 11"

Yazılar, içinde var olan Işıktan bahseder, anlamı, bilgelerimizin dediği gibi, "Kötü eğilimi Ben yarattım, şifası da Ben'im." Yazılanların içindeki Işığı işaret eder, çünkü Işık ıslahtır.

Baal HaSulam "Duydum, Makale 6"

Manevi çalışma, kötü eğilimi azaltan ve iptal eden tek şifadır, bilgelerimizin söylediği gibi, "İçindeki Işık ıslah eder."

Baal HaSulam "Kabala Öğretisi ve Onun Özü"

Erdemliğin İncileri

ISLAHLAR (SEVAPLAR)

Not: Sevaplar manevi çalışmada, dini vecibeler olarak bilinen sevaplar değildir. Sevap kişinin her arzusunu için kendi için alma rızasını/niyetini Yaradan'ın Işığı vasıtasıyla ıslah etmesi ve Yaradan'ın rızası için alma niyetine çevirerek ıslah etmesi anlamındadır. Kabala'da, bu yüzden sevap işlemek sadece Yaradan'ın kişiye ifşasından sonra olabilir.

Islah, Işığın örttüğü kaptır (Kli), yani özellikle o Sevaba ait olan Kutsal Ad anlamındadır. Bu şu demektir "Manevi çalışma Işıktır, Sevap mum."

Baal HaSulam "Bilgelerin Ağzından Kitabına Giriş"

Sevaplara, birlikte (Tzavta) kelimesinden gelen, sonsuzluğun (Eyn Sof) içinde Yaradan'a tutunarak, bütünlüğe geldikten sonraki emir denir.

Kabalist Menahem Nahum Tversky

Sevaptan gelen başlıca ödül Metzaveh'tir (Emirleri veren Yaradan), bu Tanrısal bütünlük ve ıslahı yerine getirerek edinilen manevi mutluluktur ki bu da Yaradan'ın edinimidir. Bu olmadan, ruhu ve canlılığı olmayan, sadece fizikselliği olan boş bir vecibe olur. İnsanın tüm yönleriyle Kökün içinde var olan Tanrısal kısımla, bütünlüğe gelmesi ve bunu arzulamasından dolayı "bir Sevap" (bir Islah) denir. Tüm manevi çalışmada bilinir ki, her sözde ve eylem de, o söze veya eyleme canlılık kazandıran arzu ve ruhtur. Onlar olmadan yaşam olmaz. Bu sebeple yaşantısında bayağı olanlara "ölü" denir, çünkü eylemleri yaşam gücünden mahrumdur.

Kabalist Menahem Nahum Tversky

613 tane Sevap vardır ve her bir Sevapta, o derecenin ışığı depolanır ki, bu beden ve ruhtaki 613 organ ve sinire karşılık gelir. Bundan şu sonuç çıkar, Sevabı yerine getirirken, o sevaba ait ışığın gücü, ruh ve vücutta ona karşılık gelen organa uzanır.

Rabaş "Çoğunluğun Duasının Önemi"

MANEVİYAT VE SEVAPLARI ÇALIŞMANIN ÖZÜ

Kişi, Sevapların ödülüyle ödüllendirilmeyi arzulamalıdır. Bu şu demektir, ıslahları yerine getirerek Yaradan (Metzaveh) ile bütün olmakla ödüllendirilecektir.

Baal HaSulam "Duydum Makale 227"

Kişi ihsan etmeyi amaçlar ise, bu eyleme "Bir Sevap" denir.

Rabaş "Merdivenin Basamakları"

Maneviyat ve Sevapların çalışması, öncelikle ihsan etmek için almak ile (sevgiden tövbe) ödüllendirildikten sonra başlar. Ancak bundan sonra, bize emredildiği gibi manevi çalışmaya ve ıslaha korku ve sevgiyle bağlanmak mümkün olur.

Baal HaSulam "On Sefira Çalışmasına Giriş"

Kitaplarda yazan ve belirlenen, kabul edilmiş tüm sevaplar, çoğu eylem ve söz olmasına rağmen kalbi ıslah eder, "Çünkü Yaradan tüm kalplere bakar ve tüm kötülükleri ve düşünceleri anlar."

Kabalist İbrahim Eben Ezra

Erdemliğin İncileri

Bu sorular bilgelerimizin sözleridir, "Hayvanı boğazından mı yoksa boynunun arkasından mı kesildiğini Yaradan neden önemsesin ki?" Sevaplar insanları arındırmak için verilmiştir ve bu arınmanın anlamı, tüm manevi çalışma ve ıslahları idrak etme amacında olan kötü eğilimi arındırmak demektir.

Baal HaSulam "Yaradan'ın İfşası"

Bilgelerimiz şöyle der, "Manevi çalışma ve ıslah sadece insanı ıslah etmek için verildi." Bu "başkalarını sevmek" olarak tanımlanan ikinci bir doğaya sahip olana kadar ruhun arınmasıdır ki bunun anlamı şudur, ilk emri "Arkadaşını kendin gibi sev" olan manevi çalışmanın, nihai hedefi Yaradan'la bütünlüğe gelmektir.

Baal HaSulam "Yaradan'ın İfşası"

Eğer kişinin manevi çalışma ve ıslaha arzusu, Yaradan için değil kendisi için ise, doğasındaki alma arzusu ihsan etme formuna dönüşmez ve daha da fazlası, yaratılışının doğası olarak ona verilenden daha fazla alma arzusu olur.

Baal HaSulam "Zohar'ın Bitişi için Konuşma"

Maneviyatı çalışmanın amacı, Yaradan'ı hissetmeye gelmektir. Eğer kişi Yaradan'a erişmeyi amaç edinmezse, "putperest" olarak kabul edilir yani inanca ihtiyacı yok demektir, ki bu da inanca ulaşmak için bilgi ihtiyacında olmak demektir. İşte bu yüzden o kişi "İnsan" olarak değil, "putperest" olarak kabul edilir.

Rabaş "Merdivenin Basamakları"

Erdemliğin İncileri

Yaratılışın tüm amacı, niteliksiz olarak yaratılanların, manevi gelişim ile, O'nla bütünlüğe gelene kadar yükselmesi ve gelişmesidir.

Baal HaSulam "Yaradan'ın İfşası"

Tüm maneviyat ve ıslahlar, İnsanın arınması yani ruhunun arınması için, nihai amaç olarak verilmiştir ve ancak bundan sonra Yaratılışın Amacı olan O'nla bütünlüğe gelme ödülü, onlara bahşedilir.

Baal HaSulam "Ortak Sorumluluk"

Yaradan'a memnuniyet vermek için maneviyatı ve ıslahlarını çalışanlar alışkanlık haline getirenler, yavaşça doğal yaratılıştan kendilerini ayırarak, başkalarını sevme dediğimiz ikinci bir doğayı talep ederler.

Baal HaSulam "Yaradan'ın İfşası"

Yaradan, maneviyat ıslahı, sadece O'na ihsan etmemiz için bize verdi. Maneviyat ve Sevaplara bağlanıp, kendimize değil Yaradan'a memnuniyet vermek, bu dünyada bizi doğamızdan tersine çevirmeye yardım etmezse, başka hiçbir yöntem yardım edemez.

Baal HaSulam "Zohar'ın Bitişi için Konuşma"

Erdemliğin İncileri

Maneviyat ve Sevaplara tutunarak, - O'nun yarattıklarına iyi davranmak- denilen yaratılış amacı ifşa olur.

Rabaş "Çoğunluğun Duası"

İnsanoğlunun ruhunun anlamı Yaradan'ın bir parçası olmak demektir. Ruh, bu dünyaya gelmeye uygun hale gelene ve bu bedenle örtülene kadar sebep-sonuç ilişkisiyle derece derece inerek, kademeli olarak düşer.

Kişi manevi gelişimine tutunarak ve kalbini arındırarak, derece derece ruhu tamamlanana kadar yükselir ve Bütün'den ödülünü almaya uygun hale gelir. Bu onun iyiliği içindir yani 613 sevap olan Yaradan'ın Adları vasıtasıyla Işığı edinir.

Baal HaSulam "Bilgelerin Ağzından" Kitabına Giriş

613 TAVSİYE VE 613 ISLAH

Maneviyat ve Islahlar'da iki kısım vardır.

1. Maneviyat ve Sevaplar demek kaynağı 613 öğüt formunda çalışmak ve arzunun ıslahını yerine getirmek demektir. Onların, arzuyu ıslah ve arındırma ve tüm bunları hak etmek için ruhun erdemini yükseltme gücü vardır ki, gittikçe eksilerek bu dünyaya ve bu bedene giren ruhun Kökteki hali gibi Kral'ın yüzünün Nur'unu almaya layık olsun.

2. Sevapları yerine getirmek ve maneviyatı 613 sevap formunda çalışmak, ruhun ödülüdür ve O'nun Adlarını edinmek olarak adlandırılır.

İlk kısım üzerindeki son kısmın erdemi, Dünyaya kıyasla Cennet erdemi gibidir. Bunun sebebi, ilk kısım yalnızca bir hazırlıktır, ikinci kısım ise Yaratılışın amacı ve gerçek bütünlüktür.

Baal HaSulam "Bilgelerin Ağzından" Kitabına Giriş"

Zohar'ın bazı bölümlerinde, 613 Sevap "613 öğüt" olarak, bazı bölümlerinde ise "613 birikim" olarak geçer. Bunun sebebi ilk başta kişinin manevi çalışması ve ıslahları arzusunu arındırması ve ruhunu yükseltmesidir. Aynı zamanda 613 Sevap, ona "tavsiye" şeklinde, ruhu derece derece arındırıp, O'nun yüzünün Nur'unu elde etmek ve Kral'ın önüne gelmek ile ödüllenmek olan 613 öğüt gibi olur. Bunun sebebi şudur, kişinin manevi çalışması ve ıslahı, ruhu, Yaradan'ın yüzünün Nur'uyla ödüllene kadar giderek arındırır.

Benzer şekilde şöyle yazar: "Yaradan, kurban boğazından mı yoksa boynunun arkasından mı katledildi diye merak etmez. Daha ziyade kişinin manevi gelişimi ve ıslah olarak yapmas gerekenler sadece insanın arınması için verildi."

Fakat yine de, kişi yeterince arınıp, Kral'ın yüzünün Nur'unu hak ederse kişinin gözleri ve ruhu açılır ve 613 Sevap'ta bulunan Saklı Işığı edinimle ödüllendirilir. Bunlar kişinin edinmesi gereken, O'nun Kutsal Adlarıdır. Kişi her bir Sevabı yerine getirdiği zaman, Sevap, Işığın örttüğü kap olduğundan dolayı, Sevabın içinde depolanan Işığı alır yani özellikle o Sevaba ait olan Kutsal Adı. "Sevap mumdur, Maneviyat-Işık". Aynı zamanda, 613 Sevap "613 Emir" olarak da adlanır.

Baal HaSulam "Bilgelerin Ağzından" Kitabına Giriş"

Erdemliğin İncileri

Manevi çalışma ve ıslahları yerine getirmeliyiz böylece onlar bizi saf olma haline getirir. Saf olma demek, Kapların (Kelim) "kir" olarak adlandırılan, kendi için alma arzusundan arınmış olması demektir ki buna sadece ihsan eden Yaradan'dan ayrı olma formu denir. Öyleyse kapların ıslahından önce, onun içine iyi bir şey yerleştirmek mümkün değildir çünkü kirli kabın içine koyulan her şey bozulur.

Öyleyse, Kabımızı arındıracak iyi tavsiyeler aramalıyız. Buna "hazzı ve mutluluğu alabilmek için hazırlıklı ve nitelikli olma" denir. Bu sebeple, bize Zohar'da söylendiği gibi "613 öğüt" olan 613 Sevap verildi. Bunlar alma arzusunun kirini nasıl arındıracağımızla ilgili tavsiyelerdir.

Zohar Kitabının Girişinde şöyle yazar "Zohar Sevaplara 'birikim' der." Aynı zamanda onlara 'öğütler' de denir. İkisi arasındaki fark ön ve arka durumundan dolayıdır. Bir şeyin hazırlığı 'arka' olarak, o şeyin edinimi de 'ön' olarak adlandırılır. Benzer şekilde maneviyatta ve ıslahlarda 'Yapacağız' ve 'Duyacağız' vardır. Maneviyat ve Sevapları, "O'nun sözlerini kim yerine getirir" sözü yoluyla yerine getirirken, duyma ile ödüllendirilmeden önce Sevaplara '613 öğüt' denir ve 'arka' olarak düşünülür. Ve O'nun sözlerini duyma ile ödüllendirildiğimizde, Sevaplar 'birikim' sözüyle 'ön' olarak adlandırılır.

Rabaş, Merdivenin Basamakları

Zohar'ın dili, 613 ıslahı birikim olarak ifade eder. Aynı zamanda 613 tavsiye olarak da adlandırılır. Aralarındaki fark şudur, her şeyin bir öncesi bir de sonrası vardır. Bir şeye hazırlık için "sonraki" ve bir şeyi edinim için ise "önceki" denir.

Benzer şekilde, manevi çalışma ve ıslahlar, yapma ve duyma yönündedir, bilgelerimizin yazdığı gibi "Kim O'nun sözlerinin sesini duyup, onları yerine getirirse" önce yapılır onun arkasından da duyulur. Sevaplara 613 öğüt denir ve onlar "sonraki" olarak kabul edilir, çünkü 613 Sevap olduğundan ve her bir Sevap ta Işık, belli bir derecede biriktiğinden ve ruhun ve bedenin 613 organına ve sinirine karşılık geldiğinden dolayı, O'nun sözlerini duymakla ödüllendirilince "birikim" ifadesinden 613 Sevap, birikim olur.

Rabaş Merdivenin Basamakları

İnsanoğlunun ruhunun anlamı, Yaradan'ın bir parçası olması olarak bilinir. Ruh, sebep-sonuç ilişkisiyle, bu bedenle örtülene ve bu dünyaya gelmeye uygun hale gelene kadar derece derece düşer.

Manevi çalışma ile sevapları yerine getirerek, derece derece ruhu tam olana kadar yükselir ve Bütünün ödülünü almaya uygun hale gelir. Bu önceden tasarlanmıştır yani bu 613 sevap olan Yaradan'ın Adları yoluyla Yaradan'ı edinmek demektir.

Baal HaSulam " Bilgelerin Ağzından Kitabına Giriş"

MANEVİYAT KİŞİDE KÖTÜLÜĞÜN FARKINDALIĞINI ARTTIRIR

Kişi manevi gelişime bağlandığı zaman, maneviyata olan uzaklığını hisseder.

Baal HaSulam "Duydum Makale 56"

Erdemliğin İncileri

Sevaplara bağlanmak ve Yaradan'a memnuniyet verme çalışması, kötülüğün farkındalığını arttırır.

Baal HaSulam "Dinin Özü ve Amacı"

Işık ve Sevaplar, sadece insanın arınması yani doğduğumuzda bize verilmiş kendini sevme olarak tanımlanan, kötülüğün farkındalığı hissini arttırmak ve "başkalarını sevmek" denilen Allah Sevgisinin tek yolu saf iyiliğe gelmemiz için, verilmiştir.

Baal HaSulam "Özgürlük"

Maneviyatı edinmenin başlangıcı kötülüğün ifşasıdır. Bu şu demektir, kişi alma arzusunun ne kadar kötü olduğunun hissine gelmeyi Yaradan'dan talep eder. Alma arzusunun "kötülük" olduğunu bilerek, ancak Yaradan'ın kişiyi o hisse getireceğini bilir. Şöyle düşünülür, Işığın vasıtasıyla kişi kötülüğün farkındalığına gelir yani alma arzusunun ne kadar kötü olduğunun farkına varır. Daha sonra, alma arzusunun yer değiştirip, ihsan etme arzusunun ona karşılık olarak verilmesini talep eder.

Rabaş "Merdivenin Basamakları"

Kişi Işığa bağlandığında, gerçeği görür yani maneviyattan uzak olduğunu öğrenir ve görür ki kendisi öyle niteliksiz bir varlıktır ki, yeryüzünde ondan daha kötüsü yoktur.

Baal HaSulam "Duydum Makale 56"

Erdemliğin İncileri

Yaradan sevgisine gelmek için kişi ne yapmalıdır? Bu amaç için ıslah eden Işığı alarak manevi çalışmaya ve ıslahına bağlanma yolu bize bahşedilmiştir. Ayrı olmanın ağırlığını hissetmemizi sağlayan Işık, oradadır. Ve yavaşça kişi manevi çalışmanın Işığını almaya niyet ettikçe ayrı olmanın nefreti içinde oluşur. Kişi, kendisinin ve ruhunun Yaradan'dan uzak ve ayrı olmasının sebebini hissetmeye başlar.

Baal HaSulam "Duydum Makale 34"

Manevi çalışma ve ıslahların yardımıyla edinilen gelişimin özü nedir?

Aklımızda tutalım ki, bu aramızdaki kötülüğün ifşasıdır. Sevaplara bağlanmak yavaşça ve kademeli olarak onu araştıranları, arındırır. Arınmanın derecesini ölçen terazi ise, aramızdaki kötülüğün ifşasının ölçüsüdür.

Baal HaSulam "Dinin Özü ve Amacı"

Kişi manevi çalışmada çok şey öğrendiğinden, onun vasıtasıyla, Yaradan ile arasındaki uzaklıkla ilgili gerçeği görmesi sağlanmıştır yani yakınlığının ve uzaklığının derecesini görmesi. Arzusunun eksik olmasının anlamı budur yani kendini beğenmiş bir kişinin, alma arzusunun tam formunu görür, fakat daha sonra gerçeği anlar ki asıl kötü olan kendisidir. Gerçeği nasıl gördü? Maneviyattan çok şey öğrenerek.

Bu kadar kötü olduğundan nasıl O'na tutunacak? İşte bu sebeple, şunu sorar; diğer insanlar da kendisi gibi kötü mü yoksa dünyada kötü olan bir tek kendisi mi var?

Erdemliğin İncileri

Cevap nedir? "Bilmiyorum." Bu şu demektir hissetmiyorlar, öyleyse bilmiyorlar. Peki neden hissetmiyorlar? Bunun sebebi çok basit, onlara gerçeği gösteren maneviyatın eksikliğinden dolayı, gerçeği görme ile ödüllendirilmediler.

Bunu İlyas şöyle yanıtladı: "beni yapan ustaya git," çünkü yükselemeyeceği bir seviyeye geldiğini fark etti. Bu sebeple İlyas ortaya çıktı ve ona şöyle dedi 'beni yapan ustaya git.' Diğer bir deyişle Yaradan seni böyle kötü yarattığından, bu kaplarla (Kelim) amacın gerçekleşeceğini biliyor olmalı.

Baal HaSulam "Duydum Makale 56"

O'nu memnun etmek için içtenlikle O'nla çalıştığımız zaman hissettiğimiz tatlı mutluluk yoluyla, kendini sevme -bu Yaradan'a ihsan etmenin tatlı tadını almaya engel olur- bayağılığının farkındalığı içimizde gelişir.

Baal HaSulam "Dinin Özü ve Amacı"

Eğer kişi, kendi hazzı için bile olsa maneviyata ve ıslahlara bağlanırsa, onun içindeki Işık vasıtasıyla, kendi için alma doğasından dolayı bayağılık ve bozukluk hisseder. Aynı zamanda, kalbini alma doğasından ayırır ve sadece Yaradan'a memnuniyet ihsan etmek için, tamamıyla kendini maneviyata adar. Yaradan onun gözlerini açar ve tek kelimeyle mükemmel olan dünyayı ona gösterir.

Rabaş "Merdivenin Basamakları"

Erdemliğin İncileri

DUA NEDİR?

Kişi Yaradan'a haykırarak değil, sessiz bir şekilde, tüm kalbiyle ve içselliğiyle seslenmelidir.

Kabalist Menahem Mendel

Arzu, kişinin eksik olduğunu hissettiği şeydir. Arzu, kalbin içindedir. Ne söylediğinin önemi yoktur, çünkü "bir arzu" demek eksik olan şeyi talep etmek demektir ve kişinin istediği şey ağzında değil, kalbindedir. Öyleyse, kişinin ne söylediği fark etmez ancak Yaradan onun düşüncelerini bilir. Dolayısıyla, Üst Dünyalarda ağzın söylediği değil sadece kalbin istediği duyulur, bu sebeple ağzın söylediği gerekli değildir ve tatmin edilme ihtiyacındadır.

Rabaş Merdivenin Basamakları

Dua bütün bir dua olmalıdır, yani kalbin en derinliğinden. Bu şu demektir, kişi yüzde yüz bilir ki, Yaradan'ın kendisinden başka dünyada ona yardım edecek kimse yoktur.

Peki kişi Yaradan'ın kendisinden başka ona yardım edecek kimsenin olmadığını nasıl bilecek? Kişi bu bilinci, eğer kendi tasarrufundaki tüm güçleri kullanıp başarılı olmazsa, özellikle talep eder. Böylece kişi "Yaradan için" koşuluna gelmek için bu dünyada mümkün olan her şeyi yapmalıdır. Ve daha sonra kalbinin tüm derinliklerinden dua eder ve Yaradan onun duasını duyar.

Baal HaSulam "Duydum Makale 5"

Erdemliğin İncileri

Üst Dünyada eksik bir şey olmadığından, kişi yardım etmesi için Yaradan'a dua etmelidir. Bu şu demektir, kişi duası sırasında –dua kalbin çalışması olduğundan, kalbindekini ortaya çıkarmalıdır- şu kararı vermelidir, kendisi için değil sadece Yaradan'ı onurlandırmak için istek duyup, O'nun önünde kendimizi iptal etme isteği vermesini, Yaradan'dan dilemelidir. Ve tam bir iptale karar verdiğinde, bunu yerine getirebilmesi için Yaradan'dan yardım ister. Kendisi için bir taviz istemeden Yaradan'dan kendisine vermesini istediği arzudan dolayı buna "tam dua" denir ve Yaradan'dan her zaman O'nun doğruluğu ile beraber olmak için yardım ister.

Rabaş Mektup 65

Yaradan kalbi kırık olanların yanındadır.

"Yaradan, kalbi kırık olanları iyileştirir" ne demektir? Bilinir ki kişinin özü kalbindedir. Kalp, Üst Dünyalardan Işık alan kaptır, kapların kırılmasında öğrendiğimiz gibi, eğer kap kırıksa içine konan her şey kayıp gidecektir.

Benzer şekilde, eğer kalp kırıksa ve alma arzusu kalbe hükmediyorsa, bereket onun içine giremez, çünkü alma arzunun aldığı her şey kabuklara (kötü eğilim) gider. Buna "kalbin kırılması" denir. Öyleyse kişi Yaradan'a dua eder ve derse ki "Bana yardım etmelisin, çünkü alma arzum kalbime hükmettiğinden, herkesten daha kötüyüm, öyle ki Kutsallıktan hiçbir şey kalbime girmiyor. Hiçbir lüks istemiyorum, fakat sadece ihsan etmek için bir şeyler yapmak istiyorum ve yapamıyorum. Öyleyse sadece Sen beni kurtarabilirsin."

"Yaradan kalbi kırık olanların yanındadır" sözünü, kalplerini kırık değil, bütün yapmasını Yaradan'dan talep eden insanlara, bu şekilde izah edebiliriz.

Rabaş Merdivenin Basamakları"

Erdemliğin İncileri

Yapabileceği her şeyi yapmış, çabalamış ancak bir şifa bulamamış kişi için, kendini umutsuzluğa düşmüş bulduğu zamandan, daha mutlu bir an yoktur. Bu böyledir, çünkü o zaman O'nun, yardımını almak için tam bir duaya gelir ve kesin olarak bilir ki, kendi çabası yeterli olmayacaktır. Bu çalışmada kendine ait güçleri hissettiği sürece, duası tam olmaz çünkü içindeki kötülük ona, önce yapabileceklerini yapmasını ve daha sonra Yaradan'a layık olabileceğini söyler.

Bununla ilgili şöyle denir "Yaradan yücedir ve ondan aşağıda olanlar görecekler" Kişi her türlü çabayı gösterdikten ve hayal kırıklığına uğradıktan sonra gerçek bir bayağılık noktasına gelir. Kendini herkesten daha kötü hisseder, çünkü arzusunda hiç iyi bir şey yoktur. Bu zamanda, duası tam olur ve O'nun müşfik ellerinden cevap alır. Şöyle denir "Ve insanlar bu zorluk sebebiyle kederlendi ve feryatları yükseldi."

Baal HaSulam Mektup 57

Kendi için alma arzusundan çıkamamak ve Yaradan'ın yardımına ihtiyacı olduğunu hissetmek, Yaradan'ın yardımı ihtiyacını doğurur. Yaradan, içinde kişiyi ıslah eden Işık olan, manevi çalışma vasıtasıyla yardım eder, yani kişi ihsan etme kaplarını edinir.

Rabaş Merdivenin Basamakları

Alma arzusunun farkına vararak, ihsan etme yönünde onu iptal etmek için, kişinin O'nla bütünlüğe gelmek istemesinin, duasına "form eşitliği" denir.Yaradan bununla ilgili şöyle der "Oğullarım Ben'i yendi." Bu şudur, ben size alma arzusunu verdim ve sizde Ben'den onun yerine ihsan etme arzusunu vermemi istediniz.

Baal HaSulam "Duydum Makale 19

Duada üç koşul vardır:

1. Çağdaşları arasında en kötü durumda olduğu halde, O'nun kendisini kurtaracağına inanmak, dahası, onu kurtarmak için "Tanrı'nın eli noksan mı kaldı." Eğer değilse, o zaman "Mal sahibi Kendi kaplarını kurtaramaz."

2. Danışacak kimsesi olmadığından yapabileceği her şeyi yapıp, kötü durumu için çare bulamamak.

3. Eğer Yaradan ona yardım etmezse, yaşarmak yerine ölmek daha iyi demek. Dua kalpte kaybolmak demektir. Kayboldukça duasının ölçüsü de artar. Açıkça, lüks eksikliği olan kişi ölüme mahkum edilmiş biri gibi değildir, sadece uygulama eksikliği vardır, demir zincirlerle bağlıdır ve orada durup hayatı için yalvarır. Kesinlikle rahat edemeyecek, uyuyamayacak ve hayatı için dua etmekten bir an bile ayrılmayacaktır.

Baal HaSulam "Duydum Makale 209"

Kişi Yaradan'a dua etmek istediğinde, önce kendini hazırlamalı ve neye sahip olduğunu ve ne eksiği olduğunu incelemeli daha sonra Yaradan'ın yardımı için ne isteyeceğini bilmelidir. Anlamı şudur, "Derinliklerden Sana seslendim Tanrı'm." "Derinlik" kişi mümkün olan en düşük seviyede demektir, şöyle yazdığı

Erdemliğin İncileri

gibi "Cehennemin derinlikleri" yani eksiklikleri çok ve kendini diğer insanların, aşağısında görüyor.

Diğer bir deyişle, kendini diğer insanlardan daha fazla Kutsallıktan uzak görüyor, yani kimse gerçeği hissetmiyor ve arzularının Kutsallığa bağlantısı yok. Öyleyse, gerçeği – kutsallıktan ayrı olduklarını-görmeyen bu insanlar, manevi çalışmada tatmin olur fakat bulunduğu durumdan acı çekerler.

Rabaş Merdivenin Basamakları

Bilgelerimizin söylediğini anlamalıyız, "Kişi kendini derinlikte bulmaz." Buna göre, kişi eylemlerinin bozuk ve ıslah ihtiyacında olduğunu hiçbir zaman görmeyecektir. Öyleyse kişi daima bozuk kalacaktır.

Bilinir ki, insan sadece kendini mutlu etmek doğasıyla yaratılmıştır. Öyleyse, yaptığı her şeyde nasıl haz alacağını öğrenmeyi ister. Eğer kişi mutlu olmayı dilerse, doğal olarak kalbinin arzusundan başka bir şey öğrenmekten kaçınacaktır, çünkü bu onun doğasıdır.

Bu sebeple, Yaradan'a yaklaşmak ve O'na ihsan etmenin yollarını gösterecek şeyler öğrenmeyi isteyen kişi, Yaradan'a, ona başka bir kalp vermesi için dua etmelidir, şöyle yazdığı gibi "Tanrım benim için saf bir kalp yarat." Başka bir kalp, ihsan etme arzusu olan kalp demektir ve daha sonra öğrendiği her şeyde, doğal olarak sadece Yaradan'a nasıl ihsan edileceğini gösteren yollar bulacaktır.

Buna rağmen, kalbe olan karşıtlığını hiçbir zaman göremez. Bununla ilgili şöyle denir, "Taştan kalbi senden alacağım ve sana canlı bir kalp vereceğim."

Rabaş Merdivenin Basamakları

Erdemliğin İncileri

Gizlilik kişiyi yendiğinde, maneviyat tatsızlaşmaya başladığında, hiç sevgi ve korku hissetmediği bir duruma geldiğinde ve kutsallık için hiçbir şey yapamaz durumda olduğunda, tek yardımcısı, Yaradan'a ona acıması için yalvarmak ve gözlerinden ve kalbinden perdeyi kaldırmasını istemektir.

Yakarış çok önemli bir meseledir. Bilgelerimizin yazdığı gibi: "gözyaşının kapısı haricinde, bütün kapılar kilitlidir." Dünya bununla ilgili olarak sorar: Eğer gözyaşı kapıları kilitli değil ise, o zaman kapılara neden ihtiyaç var? Özellikle bütün kapılar kapalıyken, gözyaşı kapısı ne zaman kilitli değildir? Gözyaşı kapısı için her zaman bir yer vardır ve kilitli değildir.

Bununla birlikte, dua kapıları açık olduğunda, gözyaşı kapıları ve ağlamak konu dışıdır. Gözyaşı kapılarının kapalı olmasının anlamı budur. Peki o zaman gözyaşı kapıları ne zaman kilitli değildir? Özellikle bütün kapılar kilitli olduğunda, gözyaşı kapıları açıktır. Bunun sebebi, kişinin hala dua yardımına ihtiyacı olmasındadır.

"Ruhum gizlice ağlayacak," anlamı şudur, kişi gizliliğe geldiğinde "Ruhum ağlayacak" çünkü başka seçeneği yoktur.

Baal Hasulam "Duydum Makale 18"

Küçük, büyük her şey, sadece inancın gücüyle elde edilir. Ve bizler bu sebeple, eksikliğimizi ve güçsüzlüğümüzü- kendi gücümüzle hiç bir şeye yapamadığımızdan- keşfetmek için çalışmalıyız. Daha sonra, O'nun önünde tam duaya gelmeye hazır oluruz.

Bu konuda şöyle tartışabiliriz, "Eğer bu böyle ise, hiçbir şey için iyi olmadığımı önceden kabul ederim, bunca zorluğa ve çabaya ne gerek var?" Oysa ki, doğada şöyle bir kanun vardır, tecrübeli olandan daha akıllısı yoktur. Kişi içindeki güçle aktif olarak çalışmadan önce, gerçek bir bayalığın farkındalığına gelmelidir.

Erdemliğin İncileri

Öyleyse, kutsallık ve arınma için çabalamalıyız şöyle yazdığı gibi, "Kendi çabanla yapabileceğine inandığın şeyi, yap" ve anla ki bu gerçek ve derin bir konudur.

Hiçbir sonuç almasan bile, arzu edilen ölçüde çaba gösterdiğinde, bu dua zamanıdır ve o zamana kadar, Bilgelerimize inan, "Çabalamadım ve buldum, buna inanma." İstenilen dereceye gelindiğinde duan tam bir dua olacak ve Yaradan içtenlikle cevap verecek, bilgelerimizin bize belirttiği gibi, "Çabaladım ve buldum, inan," bundan önce duaya uygun değildin ve Yaradan duayı duyar.

Baal HaSulam Mektup 57

Maneviyat çalışmasının özü seçimdir, yani "Öyleyse hayatı seç" ki bu da Allah rızası için Bütünlüğe gelmektir. Bununla, kişi yaşamın özüne bağlanmakla ödüllendirilir.

Net bir maneviyat varsa, seçime gerek yoktur. Bundan dolayı, Üst Güç yargı niteliğini olan Malkut'u, Eynaim'e (gözler) yükseltir ki bu da gizliliğe sebep olur bunun anlamı şudur aşağıda olanlar Üst Gücün eksik olduğunu ve onda büyüklük (Gadlut) olmadığını düşünürler. Oysa ki, Üst Gücün nitelikleri, aşağıda olana verilmiştir. Bu kaplar aşağıda olanla eşitliğe gelir: aşağıda olan da hiçbir canlılık olmadığından, Üst niteliklerde de canlılık olmaz yani maneviyat ve sevaplar tatsız, yaşamsızdır.

Seçim için bir yer vardır demek şudur, aşağıda olan şunu bilmelidir ki, tüm hissettiği kısıtlama, Üst Gücün kendini aşağıda olanın iyiliği için kısıtlamasıdır. Buna " Kutsallık, sürgündeki insanlar ile beraberdir" denir yani yaşamdan tat almamasının sebebi onun hatası değildir çünkü onun görüşüne göre, Üst Güçte hiç canlılık yoktur.

Erdemliğin İncileri

Ve eğer kişi bunun üstesinden gelip, tüm bu bereketten, uygun kapları olmadığı için -bu kaplar ihsan etmek için değil, almak için olduğundan- acı bir tat aldığını söylerse, ve Üst Gücün kendisini sakladığı için üzüntü duyarsa, bu şekilde aşağıda olanın, Man (Dua) yükselttiği düşünülür. Bunun sonucunda, Üst Güç, AHaP'ı yükseltir-yükseliş demek, Üst Gücün, aşağıda olana AHaP kabında açığa çıkan hazzı göstermesi demektir. Bu suretle, aşağıda olanın GE'si Üst Gücün erdeminin aşağıda olan tarafından görülmesi için, yükseltir. Bu şekilde aşağıda olan, Üst Gücün AHaP'la beraber yükselir.

Rabaş Merdivenin Basamakları

O'nun sevgisiyle ödüllendirilmeyen kişi, ruhun arınması için bir gün önce yaptığı tüm çalışma sanki ertesi gün yanmış gibi hisseder. Ve sanki hayatında hiçbir şey yapmamış gibi her gün ve her dakika yeniden başlamalıdır. Kendi çabalarıyla hiçbir şey üretememekte olduklarını açıkça gördüklerinden, "İnsanlar bu zorluk sebebiyle kederlendi" denir. Bu sebeple üzüntüsü ve duaları olması gerektiği gibi tamdır ve Yaradan tüm duaları duyduğundan ve tam bir dua beklediğinden, "Yakarışları yükseldi," denir.

Baal HaSulam Mektup 57

Dua sırasında, kişinin kalbinin çabası sağlam ve olumlu olmalıdır ve bu şekilde realitedeki diğer unsurlardan daha fazla amaca ulaşır.

Baal HaSulam Mektup 56

Erdemliğin İncileri

Kutsal Ad'la bütünlüğe gelmek isteyen kişi, kalbinde ve arzusunda bunu niyet etmezse, duası boşa gider.

Sulam'ın Önsözü ile Zohar Kitabı

SADECE YARADAN'IN IŞIĞI KİŞİYİ ISLAH EDER

Manevi kaynaklar, içinde var olan Işıktan bahseder, yani bilgelerimizin söylediği gibi, "Kötü eğilimi Ben yarattım ve manevi çalışmayı şifa için, Ben yarattım." Çünkü içindeki Işık ıslah eder.

Baal HaSulam "Duydum Makale 6"

Manevi çalışma kötü eğilimi iptal etmek ve hafifletmek için tek çaredir, bilgelerimizin söylediği gibi, "İçindeki Işık onları ıslah etti."

Baal HaSulam "Kabala Öğretisi ve Onun Özü"

Alma arzusuyla doğmuş ve bu arzuyu doğasına aykırı olduğu halde, ihsan etmek için, ıslah etmeyi arzulayan kişinin bir yardımcısı vardır: Sadece manevi çalışmadan aldığı Işığın yardımıyla, ihsan etmeye gelir.

Rabaş Merdivenin Basamakları

En önemli şey, Yaradan'la bütünlükle ödüllendirilmektir ki buna form eşitliği anlamında "ihsan etme kabı" denir. Bu sebeple kaynaklar ve ıslahın şifası verilmiştir ki böylece onun vasıtasıyla

Erdemliğin İncileri

kendini sevme arzusundan ayrılıp, başkalarını sevmeye gelebilelim.

Rabaş Merdivenin Basamakları

Bilgelerimiz şöyle der: "Kötü eğilimi Ben yarattım, Işığı da şifası için Ben yarattım," yani Işık kötü eğilimi tatlandırır. Diğer bir deyişle, Yaradan kişinin tüm eylemlerini O'nun rızası için yapmasının gücünü sağlar.

Rabaş Merdivenin Basamakları

Kötü eğilimi yok etmek için bağlandığımız Işık, Yaradan'la bütünlüğe gelmektir: yani kişinin tüm eylemleri sadece ihsan etmek içindir. Bu, kalbin ve arzunun meselesi olduğundan, kişinin doğasının tersine hareket etmesi imkansızdır ve tamamlamak için yardım alma ihtiyacındadır ve bu yardım Işık vasıtasıyla olduğundan, Bilgelerimizin dediği gibi, "Kötü eğilimi Ben yarattım, Işığı da şifası için Ben yarattım." Bu böyledir, çünkü ona bağlanırken içindeki Işık onları ıslah eder.

Rabaş Merdivenin Basamakları

İnsan, kendi arzusu için alma isteğiyle yaratıldığından, şöyle denir "kendi yararı için alma arzusu." Bize söylendiği gibi kişi bu alma arzusunu iptal etmeli ve "ihsan etme arzusu" denilen yeni bir kap talep etmelidir. Herkes bununla ödüllendirilmez yani Üst Işığın girmesine uygun olan kapları talep etme isteğinde olmak gerekir.

Erdemliğin İncileri

İhsan etmeyi edinmek için bilgelerimiz şöyle der "Kötü eğilimi Ben yarattım, Işığı da şifası için Ben yarattım" yani özellikle manevi çalışma vasıtasıyla kişi ihsan etme niteliğini inşa eder.

Rabaş Merdivenin Basamakları

Kişi tam bir form eşitliğine nasıl gelir ki, böylece özünde sadece kendisi için alma arzusu olduğu halde tüm eylemleri başkalarına vermek için olsun? Doğamız gereği bizler başkalarının yararına en ufak bir şeyi bile yapamayız.

Gerçekte, kabul etmeliyim ki bu zordur. Kişi alma arzusu olan kendi yaratılış doğasını değiştiremez yani doğasını bir uçtan diğer zıt bir uca, kendi için almaktan, ihsan etmeye değiştiremez.

Bu sebeple Yaradan bize sadece Yaradan'a ihsan etmemiz için manevi çalışma ve ıslahı verdi. Maneviyat ve Sevaplara bağlanarak kendimiz için değil, Yaradan'a memnuniyet veremeyeceksek, o zaman dünyada bizi doğamızdan tersine çevirecek, başka bir çözüm yoktur.

Baal HaSulam "Zohar için Konuşmalar"

Manevi çalışa ve ıslahlara bağlanmanın şifası için, Bilgelerimiz şöyle yazar "Yaradan şöyle der, 'Kötü eğilimi Ben yarattım Işığımı da şifası için Ben yarattım.'" Bu şekilde, kişi kendini sevmenin tüm kalıntılarını temizleyip, arzusundaki tüm Sevaplar yükseldiğinde ve sadece ihsan etmek için hareket ettiğinde, yaratılış doğası gelişir ve yüceliğe doğru derece derece çıkar, böylece ihsan edebilir duruma gelir.

Baal HaSulam "Yaradan'ın İfşası"

Erdemliğin İncileri

Yapmamız gereken asıl iş, dünyanın yaratılış amacını –Yarattıklarına iyilik yapmak- ifşa etmek ve ihsan etme kaplarını edinmek için kendimizi geliştirmektir. Bu Kral'ın hediyelerini tam alabilmek için ıslahtır böylece haz alırken utanç duyulmaz. İçimizdeki kötülük, almaya mecbur olduğumuz iyilikle yer değiştirir.

Bu kapları edinebilmek için, bize manevi çalışmanın ve kendimizi değiştirebilmenin şifası verildi. Bu Bilgelerimizin sözlerinin anlamıdır, "Yaradan şöyle der, 'Kötü eğilimi Ben yarattım, Işığım da şifası için,' ki böylece kişi içindeki kötülük kıvılcımlarını yok eder ve sadece Yaradan'a ihsan etme arzusuyla ödüllendirilir.

Rabaş Merdivenin Basamakları

Kendi için alma arzusundan çıkamadığımızdan ve Yaradan'ın yardımına ihtiyaç hissettiğimizden Yaradan'ın yardımına ihtiyacımız var. Yaradan'ın yardımı, içindeki ıslah eden Işık sebebiyle manevi çalışma vasıtasıyla olur yani kişi ihsan etme kaplarını edinir.

Rabaş Merdivenin Basamakları

Bilgelerimiz şöyle der, "Yaradan dedi 'Kötü eğilimi Ben yarattım, Işığımı da şifası için yarattım,'" yani Işık ve kişinin değişimi, kötülüğün şifasıdır, ona tat verir ,çünkü kötü eğilime, kendi için alma arzusu denir.

Eğer sadece kendisi için alma arzusu ise, üzerindeki kısıtlamadan dolayı tatsızdır ve boşlukta kalır. Fakat manevi çalışma ve ıslahlar vasıtasıyla kişi ihsan etme niyetine gelir ve "alma arzusu" denen bu kapla, tüm hazzı ve mutluluğu alır.

Rabaş Merdivenin Basamakları

Bilgelerimiz şöyle der, "Kötü eğilimi Ben yarattım, Işığı da şifası için Ben yarattım." Şifa meselesi, bilgelerimizin söylediği gibi şudur, "Eğer sadece Ben'i dinleyip, Ben'im yollarımı edinirlerse, Işık onları ıslah eder." Öyleyse manevi çalışmada, kişinin içindeki kötülüğü ıslah edecek bir güç vardır yani alma arzusunu ihsan etme arzusuna çevirir.

Rabaş Merdivenin Basamakları

Dünyaları ve ruhları yaratmanın amacında görüyoruz ki hepsi bir niyet taşır: her şeyi Bütünlük dediğimiz ihsan etme yoluyla ıslah etmek yani "form eşitliği". Yaradan kişinin düzelmesi ile ilgili olarak "Kötü eğilimi Ben yarattım, şifayı da Ben yarattım." dedi. Diğer bir deyişle kişi içsel çalışmasını şifa olarak alırsa, kötü eğilim ihsan etme şekline döner, Zohar'da yazdığı gibi "Ölüm Meleği, Kutsal Melek olur."

Rabaş Merdivenin Basamakları

MANEVİYATI TATSIZLAŞTIRANLAR

Gelin ve Kabalist Even Azra'nın kitabında söylediklerini görün: "Ve şunu bilin ki yazılan tüm sevaplar ve atalarımızın oluşturduğu çoğu eylem yada sözel olan törelerin, hepsi kalbi ıslah etmek içindir 'çünkü Yaradan bütün kalpleri görür ve düşüncelerin oluşturduğu hayalleri bilir.'"

Baal HaSulam Yüzün Nur'u

Erdemliğin İncileri

Ortak bir fikir vardır ki o da, dinin ilk amacı eylemleri ıslah etmek ve hiçbir şey eklemeden ve çıkarmadan fiziksel emirlerin yerine getirilmesi ile ilgilenmektir. Eğer böyleyse, sadece dünyevi anlaşıldığı şekilde çalışmak ve fiziksel eylemleri yerine getirmek doğru olacaktır.

Fakat durum bu değildir. Bilgelerimiz şöyle demiştir "Neden Yaradan, boğazından mı yoksa boynunun arkasından mı katledildi diye merak etsin? Her şeyden önce Sevaplar sadece insanları arındırmak için verilmiştir." Bu nedenle eylemleri gerçekleştirmenin arkasında bir amaç vardır ve eylemler bu amacın hazırlığı içindir. Dolayısıyla eğer eylemler arzulanan niyet için düzenlenmemiş ise, yapılanlar boşunadır. Zohar'da ayrıca şöyle yazar: "Niyetsiz bir sevap ruhu olmayan beden gibidir." Öyleyse, niyet aynı zamanda eyleme de eşlik etmelidir.

Baal HaSulam "Kabala Öğretisi ve Onun Özü"

Alma arzusu ile doğmuş ve bunu ihsan etme arzusuna dönüştürmeyi dileyen kişinin, ki bu doğasının tersinedir tek bir yardımcısı vardır: Sadece ıslah eden Işığı vasıtasıyla ihsan etme arzusunu edinmek. Öyleyse manevi çalışmaya bağlanan böyle kişiler tüm yasaları ve gelenekleri bilmek zorunda değildir, sadece kendisini değiştirmeye tutunarak kalbini ıslah etmek için çalışırlar ve bu kişilere "kalbi bilge" denir. Her şey eylemden sonra adlandırılır. Aslında maneviyat "aklı bilge" şeklinde değil "kalbi bilge" denilen niyetle çalışılır, çünkü Işığa kalplerini ıslah etmek için ihtiyaçları vardır.

Rabaş Merdivenin Basamakları

Erdemliğin İncileri

Bu nesilde bizi düşürdükleri karanlık ve yavanlığı daha önce hiç görmedik. Bu şu sebepledir, Yaradan'a ibadet edenler bile yazılanların sırlarına bağlanmayı terk ettiler.

Önümüzdeki durum budur. Yaradan'a ibadet edenler en azından kaynakların içselliğine bağlansalar ve Eyn Sof'un (sonsuzluk) Işığının derecesine ulaşsalar, tüm nesil onları takip edecektir. Ve herkes düşmeyeceğini bilerek kendi yolundan emin olacaktır. Fakat Yaradan'ın hizmetkarları bile bu ilimden kendilerini uzaklaştırırsa, hiç süphe yok ki bütün bir nesil de arkalarından düşecektir. Ben, büyük üzüntü duyduğumdan dolayı bunun ayrıntılarına girmeyeceğim.

Baal HaSulam "Zohar'a Giriş"

Sadece kitaparın dışsallığı ile ilgilenenler fazlaca yanılıyorlar, Yaradan onlara acısın. Ve ne zaman Yaradan'ın isteği terk edildiğinde ve bilgilerin önemi bilinmediğinde ve Yaradan'ın ilminin amacını, yasalara nükteli sözler-bunlar gerçekten gizli ve çok kıymetlidir- eklemek olarak düşünenler, bizim ruhlarımızı aydınlatamayacaklar.

Kabalist Raiah Kuk Mektuplar

Bu mesele, bizim neslimizde son kısıtlamaya ulaşana kadar, bu ilmi yazanların bir kenara atıldığı ve günahtan korkanların horlandığı bir neslin, erdemliğinin düşme eğilimi göstermesi ile ilgilidir. Kitleler, bu durumu umursamıyordu ve Yaradan'ı çalışmak onlar için bir zorunluluk değildi. Aynı şekilde hiçbir yoksunluk hissetmiyorlardı.

Maneviyatla ilgilenenler bile ezberciydi. Yaptıkları çalışmada yeni bir düşünce bulmaya susamamışlardı. Bilgeler onlara

Erdemliğin İncileri

"Gel, sana Yaradan'ın sözlerini anlaman için ilmi öğreteyim" dediği zaman, karşındakinin cevabı hemen şu oluyordu,"Kalbimden biliyorum ki her şeyi görünen formuyla çalışırsam ben de, Raşbi ve arkadaşları gibi olurum." Fakat onlara şöyle denir "Atalarımız ekşi üzüm yedi ve çocuklarının dişleri körleşti," çünkü fizikselliğe önce bağlandılar, böylece çocuklarının dişleri tamamen körleşti ve çok şaşırdılar, "Kendi için çalışma nedir?" Yaradan için değil, kendileri için çalıştılar.Ve bu şekilde dişleri körleşti. İşte bu neslin tartıştığımız durumu budur.

Baal HaSulam "Hafızanın Şifası"

Aydınlatan ruhun dünyadan ayrılmasına ve bir daha dönmemesine sebep olanlara yazıklar olsun. Onlardır hiçbir anlayış kırıntısı ve sebep olmadan öğretiyi kuru yapanlar. Kendilerini fiziksellik yönüyle sınırlandırmışlardır ve Kabala ilmini, Yaratılışın sırlarını öğrenmek ve Sevabın tadını almaya çaba göstermeyi istememekteler. Yazıklar olsun onlara, çünkü bu eylemlerle dünyaya açlık, hırsızlık, yıkım, cinayet ve fakirlik getirdiler.

Baal HaSulam Zohar Kitabına Giriş

Maneviyatı küçük düşürenlere yazıklar olsun. Şüphesiz ki, onun sadece gözle görünen ve hikayelerden oluşan kısmına bağlanınca, o kendini örter. Ve kitleler şöyle der: "Sizin En Sevdiğinizin diğerlerinden farkı nedir? Neden sizin yasalarınız bizimkilerden daha iyidir? Her şeyden evvel sizin hikayeleriniz de sıradan." Kutsallığı bundan daha küçülten bir şey yoktur. Yazıklar olsun onu küçük düşürenlere. İçselliği onurlandıran Kabala ilmine bağlanmazlar, böylece hem sürgünü, hem de dünyaya gelecek kötülükleri devam ettirirler.

Ari'nin Yazıları

İnsanın kurtuluşu ve yükselişi, Zohar ve kaynakların içselliğini çalışmaya bağlıdır. Tersi olarak, insanoğluna yıkımı ve gerilemesi içselliği terk ettikleri içindir. Onun erdemini düşürüp, sıradanlaştırdılar.

Baal HaSulam "Zohar Kitabına Giriş

Sonunda, Zohar ve Ari'nin yazılarını incelemeye yıllarını adayan insanlar tanıdım. O kadar başarılıydılar ki Ari'nin yazılarının uzmanı olmuşlardı.

Ülkede kutsal kişiler olarak ün sağlamışlardı. Onlara meselenin içselliğini edinmiş bir Kabalist ile çalışıp çalışmadıklarını sordum. Şöyle cevap verdiler, "Allah aşkına, hayır. Burada sadece bize verilen makaleler var, başka da bir şey yok. Allah Korusun."

Onlara Kabalist Vital'in içselliği edinip edinmediğini sordum. Şöyle cevap verdiler "Emin ol ki o, bizden daha fazla edinim sahibi değildir." Ve sonra Ari'nin kendisi ile ilgili sordum. Şöyle dediler: "O da kesinlikle bizden daha fazla içselliği bilmiyor ve bildiklerini de öğrencisi Kabalist Vital'e aktardı ve buna rağmen onlar bize geldi."

Onlarla eğlendim: "Öyleyse hiçbir bilgi ve anlayış olmadan, Ari kalbinde tüm meseleleri nasıl bir araya getirdi?" Şöyle cevap verdiler: "O bu bilgileri İlyas Peygamberden aldı ve o, melek olduğu için içselliği biliyordu." İşte o anda onlara karşı olan sabrım tükendi öfkem üzerlerine yağdı.

Baal HaSulam "Bilgelerin Ağzından Kitabına Giriş"

Erdemliğin İncileri

Zohar'da yazılanlardan anlıyoruz ki, yapılan eylemler, Yaradan'dan ödül alma niyetiyle değil sadece Yaradan'a ihsan etme formuna gelmeden, Işığın bereketi ve sevgisinin dünyada uyanmayacağına dair bir söz vardır.

Öyleyse sürgünün süresi ve çektiğimiz acı bize bağlıdır ve içselliği ve özgeciliği çalışmamızı ve erdemliğimizi beklemektedir. Ve bunu edindiğimizde, her yere ulaşma gücü olan, bu sevgi ve bereket Işığı derhal uyanacak, şöyle yazdığı gibi, "Ve ilmin ve anlayışın gücü onun üstüne gelecek." Ve böylece tam bir kurtuluş bize bağışlanacak.

Baal HaSulam "On Sefiraya Giriş Çalışması"

Kabala İlmini Çalışmadaki Yaklaşım

KABALA İLMİNE BAĞLANMAMIN ŞİFASI

Neden Kabalistler herkesin Kabala ilmini çalışmasını mecbur ettiler? Doğrusu, içinde onu halka açmaya değer önemli şeyler vardır: Kabala ilmine bağlananlar için harika ve paha biçilemez bir şifa vardır. Ne öğrendiklerini anlamasalar bile, anlamak için duydukları özlem ve büyük arzuyla, ruhlarını saran Işığı kendilerine çekerler.

Baal HaSulam "On Sefira Çalışmasına Giriş"

"Kabala ilmi" dediğimiz bu yüce konuları, sadece Segula(güç/şifa/fayda) aracılığı ile öğrenebiliriz, ki bu kişiye kutsal adları anlatan konuların değeri nedeniyle, Yaradan'a bağlanma dürtüsü ve isteği verir. Kişi bu yüce konuları kendini maneviyata yakınlaştırmak için çalışırsa, bu çalışma Işığı kendine çekmeyle sonuçlanır. Bu şu demektir, bu çalışma, kişinin bütün eylemlerinde ihsan etme ödülü almasıyla sonuçlanır. Buna "hazırlık çalışması" denir, çünkü bu kişiyi Yaradan'a tutunmaya ve maneviyatı edinmek için nitelikli hale gelmeye hazırlar.

Rabaş Merdivenin Basamakları

Onun(Kabala ilmi) içinde mükemmel bir güç vardır: Ona bağlananlar, yazılanları anlamasalar bile, onunla arınır ve Üst Işığı kendilerine çekerler.

Baal HaSulam "Kabala Öğretisi ve Onun Özü"

Erdemliğin İncileri

Zohar'da şöyle yazar: "Bu eserle, insanlar sürgünden kurtulacaktır." Aynı zamanda daha birçok yere, Kabala ilminin kitlelere yayılmasıyla kurtuluş gelecektir.

Şöyle dediler, "İçindeki Işık ıslah eder." Bize onun içinde hapsolmuş Işığı göstermek için büyük itina gösterdiler, "gümüşün içindeki altın elmalar gibi," çünkü içinde kişiyi ıslah eden şifa vardır. Hem bireyler hem de uluslar yaratılış amacını, içselliği ve onun sırlarını edinmeden, tamamlayamazlar.

Baal HaSulam "Yüzün Nur'u Kitabına Giriş"

Kapları olmasa bile, bu ilme bağlanarak ruhuna ait kapların ve Işıkların adlarını, zikreden kişiye, Işık belli bir dereceden hemen etki eder. Ancak Işık, kişinin onları alacak kabı olmadığı için ruhunun içini kaplamadan yansır. Yine de, ona bağlanarak zaman zaman Üst Gücün açığa çıkan arılığından ve kutsallığından rahmetini alır ki bu da onu mükemmelliğe gittikçe daha yakınlaştırır.

Baal HaSulam "On Sefira Kitabına Giriş"

Maneviyatın Işığında kişiyi ıslah eden şifa vardır. Bu kişinin içindeki kötülüğü açığa çıkarır yani ihsan etme arzusu yerine alma arzusunu.

Rabaş Merdivenin Basamakları

ÇALIŞMADA HAZIRLIĞIN ÖNEMİ

Çalışmaya başlamadan önce, kişi neden şimdi maneviyatı çalıştığının sebebine odaklanmalıdır. Bu böyledir, çünkü her eylemin bir amacı olmalıdır ki eylemi yapmanın bir sebebi olsun. Bilgelerimizin söylediği gibi "Niyeti olmayan dua ruhu olmayan beden gibidir" Öyleyse içselliği çalışmadan önce kişi, niyetini oluşturmalıdır.

Rabaş Merdivenin Basamakları

Bu yüzden, öğrenci derse başlamadan önce, kendini Yaradan inancı için güçlendirmeli ve O'nun rehberliğinde ödüle ve cezaya inanmalıdır, bilgelerimizin dediği gibi, "Senin Ev Sahibin, çalışmanda seni ödüllendirmeyle yükümlüdür." Kişi, çabasını içselliğe ve ıslahına yönlendirmelidir, bu şekilde içindeki Işığın hazzı ona verilir. İnancı güçlenir ve bu Işığın şifasıyla büyür, şöyle yazdığı gibi "O, senin bedenine sağlık, kemiklerine ilik olacak."

Böylece kişinin kalbi "kendi için" den "O'nun için" e gelerek huzur bulacaktır. İnançla ödüllendirilmediğini bilse bile, manevi çalışmasıyla bunu elde edeceğini, umut etmelidir.

Eğer kişi, aklını ve kalbini Yaradan'ın inancını edinmek için düzenlerse, bundan daha büyük bir Sevap yoktur.

Baal HaSulam "On Sefira Çalışmasına Giriş"

Çalışmaya başlamadan, kişi büyük gayret göstermeli ki, çalışması meyve versin ve iyi sonuç elde etsin yani çalışma ona, ıslah eden Işığını getirsin. Daha sonra, Işığın vasıtasıyla, bilge bir öğrenci olsun. Bilge öğrenci, ne demektir? Baal HaSulam şöyle der, "Bilge'den öğrenen kişi." Yaradan'a "Bilge" denir ve O'ndan öğrenen kişiye de, Bilge'nin öğrencisi."

Rabaş Merdivenin Basamakları"

Maneviyatı çalışmanın amacı, Yaradan hissine gelmektir. Eğer kişi Yaradan'ı edinmek olan amacı, öncelikli yapmazsa "putperest" olarak adlandırılır, yani inanca ve Onu bulmak için tavsiye aramaya ihtiyacı olmayan kişi "putperest" olarak adlandırılır.

Rabaş Merdivenin Basamakları

ÇALIŞMA SIRASINDA NİYETİN ÖNEMİ

Manevi çalışmanın amacı, Yaradan'ın hissine gelmektir.

Rabaş Merdivenin Basamakları

Manevi çalışma sırasında, kişi çabalamalı ve "Kral'ın (Yaradan'ın) Yüzünün Işığını" bulmayı aklına ve kalbine yerleştirmelidir ki bu "Yüzün Nur'u" dediğimiz maneviyatın edinimidir. Buna uygun olan kişiler için, şöyle yazdığı gibi "Ben'i arayanlar, Ben'i bulacak." denir. Bu şekilde, kişinin çabadan başka bir şeye ihtiyacı yoktur.

Baal HaSulam "On Sefira Çalışmasına Giriş"

Erdemliğin İncileri

Kabala ilmine bağlananlar için harika ve paha biçilemez bir şifa vardır. Ne öğrendiklerini anlamasalar bile, öğrendikleri şeyi anlamaya duydukları büyük arzuyla, ruhlarını saran Işığı kendilerine doğru çekerler.

Baal HaSulam "On Sefira Çalışmasına Giriş"

İçselliğe bağlanırken, kişi yaratılışın amacı olan ödülü almak için çalışmaya niyet ederse ki buna "Işık" denir, o zaman manevi çalışması fayda getirir. Fakat, arzusunu bu amaçtan uzaklaştırırsa, çalışması ihsan etme niteliğini oluşturma ve tamamlayan bir araç olmayacaktır. Bu şu demektir, kötü eğilimi azaltan manevi çalışmanın gücü iptal olur. Şu sözlerin anlamı budur, "Çalışma olmadan, sıradan bir eylem" yani alma kaplarını ihsan etme kabına çevirmeye niyet edilmeden yapılan çalışma, "bozulma ile sonuçlanır" yani ıslah eden güç iptal olur.

Rabaş Merdivenin Basamakları

Kötü eğilimi yaratan ve ona güç veren Yaradan, kötü eğilimin gücünü kaybetmesinden sorumlu ve onu kökünden kaldıracak olan, şifayı ve tadı da yaratmayı bilir.

Eğer kişi manevi çalışmasında kötü eğilimi kendinden uzaklaştırmayı başaramazsa, bu onun ya gerekli çabayı göstermeyi ihmal ettiğinden dolayıdır, şöyle yazdığı gibi "Çabalamadım ama buldum, buna inanma," ya da yeterli çaba sarf etmiş fakat nitelikte yeterli olmadığındandır.

Bu şu demektir, kalbine inancı getiren maneviyatın Işığını çekmek için, kalbini ve arzusunu tam olarak odaklamamıştır. Daha ziyade, çalışmada talep edilen asıl amaç konusunda arzu

Erdemliğin İncileri

eksikliğine sahip olabilirler. Başlangıçta bunu amaçlasalar dahi çalışma sırasında bu arzu kaybolur.

Baal HaSulam "On Sefira Çalışmasına Giriş"

Yaratılışın sırlarını çalışmanın harika olmasının bir sebebi de, kişi bu konuları berrak ve net bir idrakla anlamaya yeterli olmasa bile, sevgi ve içsel hislerle çalışırsa özünü yükseltebilir, öyle ki bu konular kişinin üzerine ışığını gönderir.

Kabalist Raiah Kook "Maneviyatın Işıkları"

Kişi bu yüce konuları maneviyata yaklaşmak için çalışırsa, Işıkları kendine çeker. Bu şu demektir, bütün çalışması, eylemlerinin ihsan etmek arzusuna gelmesiyle ödüllendirilir. Buna "hazırlık çalışması" denir, çünkü tüm bu çalışma Yaradan'a tutunup, maneviyatı edinmek için nitelikli olmaya kişiyi hazırlar.

Rabaş Merdivenin Basamakları

Saran Işığı ve Mochin'i (Bilgelik Işığı) uyandırmayı -korku ve alçakgönüllülükle- amaçladığınız zaman, Saran Işık ve Mochin'in özü hakkında hiçbir şey bilmeseniz bile, yine de bilginizle onların varlığını hissedersiniz. Onların özünü bilmeseniz bile, büyük Işığı kendinize çekersiniz ve üzerinizde parlayan Işığın büyüklüğünün bir sonucu olarak, Yaradan'a büyük bir neşe ve kalpten gelen iyilikle hizmet edersiniz.

Kabalist İsak Yehuda Yeniel Safrin

Erdemliğin İncileri

Şöyle yazar; "Ve sen gece gündüz O'nu çalıştın," şöyle demez; "Ve sen gece gündüz O'nu anladın." Eğer anladıysan anlamış olursun ama anlamadıysan çalışmanın ödülü ellerine gelir. Bunun delili Zohar Kitabında vardır, çünkü kişi anlamasa bile onun dili ruha şifa verir.

Ramhal "Erdemliğin Kapısı"

Alma arzusuyla doğmuş ve doğasının tersine, ihsan etme yönünde, bunu ıslah etmeyi dileyen kişinin tek bir yardımcısı vardır: Sadece doğru manevi çalışmanın Işığıyla alma arzusu ihsan etme arzusuna dönüşebilir. Öyleyse, içselliğe bağlanan kişiler tüm yasaları, gelenekleri ve Sevapları yerine getirmeyi bilmek zorunda değildir, fakat daha büyük bir amaçları vardır –kalbi ıslah etmek için çalışmak, ve bu kişilere "kalbi bilge" denir. Her şey eylemden sonra adlandırılır. Öyleyse, "aklı bilge" şeklinde değil, "kalbi bilge" dediğimiz, kalbi ıslah etme niyetiyle, kaynaklar çalışılmalıdır.

Rabaş Merdivenin Basamakları

Kitapları bilmek için çalışan kişi, bir ders kitabını çalışan kişiye benzer, ki bu çalışma ona yardım etmez ve sonucunda bir yarar gelmez. Bununla birlikte ki eğer kişi, bu çalışmaya sadece kutsal sözleri öğrenme niyetiyle yaklaşırsa, onların içselliğinin yoğunluğu gizlenir.

Ramak

İnsan Sevgisinden Yaradan Sevgisine Gelmek

BAŞKASINI SEVMEK DEMEK YARADAN SEVGİSİNİ EDİNMEK DEMEKTİR

İlk aşama dostlar arasındaki sevgidir ve bu şekilde Yaradan sevgisini edinirler.

Rabaş Merdivenin Basamakları

Şunu aklınızda tutun ki insan ile insan arasındaki Sevap, insanla Allah arasındaki Sevaptan önce gelir çünkü dostuna ihsan etmek, kişiyi Yaradan'a ihsan etmeye getirir.

Baal HaSulam "Zohar Kitabına Giriş"

Yaradan sevgisinin özünü, kişinin başkalarıyla olan ilişkisinin niteliğinden anlayabiliriz. Yaradan sevgisi, bu nitelikler vasıtasıyla, başlangıçta insan doğasına verildiği şekliyle, ifşa olur.

Baal HaSulam "On Sefira Çalışmasına Giriş"

Kişi, dostunu sevmek ve ona ihsan etmek çalışmasını tamamlayıp en üst dereceye geldiği zaman, aynı zamanda Yaradan sevgisine ve ihsan etmeye de gelir. Bu şekilde, ikisi arasında fark yoktur, çünkü kişinin varlığının dışındaki her şey yani bencil arzuları eşit yargılandığından, dostuna ya da Yaradan'a ihsan etmesi arasında fark yoktur.

Baal HaSulam "Yaradan Sevgisi ve Yaratılan Sevgisi"

Erdemliğin İncileri

İnsanla ve Yaradan arasındaki Sevaba bağlanırken edinilen izlenimle, insan ile insan arasındaki Sevaba bağlanırken edinilen izlenim aynıdır. Kişi, bencil arzuları için hiç beklentide olmadan, Yaradan rızası için tüm Sevapları yerine getirmeye mecbur edilmiştir, yani ışık ve umut, zorluklar vasıtasıyla ona ödül ve şeref formunda geri dönmez. Bu yüce noktada dost sevgisi ve Yaradan sevgisi bütünleşir ve bir olur.

Baal HaSulam "Ortak Sorumluluk"

Maneviyatta iki kısım vardır: bir tanesi insan ve Yaradan ile ilgilenir, diğeri ise insan ve insanla ilgilenir. Ben size şunu söylüyorum, ne olursa olsun insan ve insanla ilgili olana bağlanın ve onu kabul edin böylelikle, insan ve Yaradan ile ilgili kısmı da öğrenmiş olursunuz.

Baal HaSulam "Bir Emir"

Maneviyatta iki kısım olduğunu görürüz: İlki –insan ile Yaradan arasındaki Sevap, ikicisi –insanla insan arasındaki Sevap, ikisi de birdir ve aynı şeydir. Bu şu demektir, ikisinin de amacı ve arzulanan hedefi aynıdır, yani Lişma - Yaradan rızası için.

Kişinin dostuyla mı yoksa Yaradan'la mı çalışıyor olmasının arasında fark yoktur. Bu böyledir, çünkü yaratılışta bize verilmiş olana göre, içimizde var olmayan bir şey, bize boş ve gerçek dışı görünür.

Baal HaSulam "Yaradan Sevgisi ve Yaratılan Sevgisi"

Erdemliğin İncileri

Hilel Hanasi'nin söylediği gibi "Dostunu kendin gibi sev" bu çalışmada en önemli hedeftir. Çünkü, bu insanoğluna verilen en net anlatımdır.

Biliyoruz ki dostumuzun ihtiyaçlarını kendimizinkinin önüne koyarsak, bu ihsan etmedir. Bu sebeple Hilel hedefi şu şekilde açıklamaz, "Ve Tanrı'nı tüm kalbinle, ruhunla ve benliğinle sevmelisin," çünkü her ikisi de birdir ve aynı şeydir. Bu böyledir, çünkü kişi dostunu tüm kalbiyle, ruhuyla ve gücüyle sevmelidir, "kendin gibi" sözlerinin anlamı budur. Her şeyden evvel, kişi tüm kalbi, ruhu ve benliğiyle kendini severse, Yaradan'la ilgili olarak kendini kandırır, oysa dost sevgisi gözlerinin önünde her yere yayılır.

Baal HaSulam "Yaradan Sevgisi ve Yaratılan Sevgisi"

Şunu bilmeliyiz ki dost sevgisinde bir erdemlik vardır: dostunu sevmediği halde sevdiğini söyleyerek, kişi kendini kandırmamalı. Bu şekilde, gerçekten dostunu sevip sevmediğinin, analizine gelebilir. Oysa Yaradan sevgisiyle ilgili olarak, niyetinin Yaradan'ı sevmek ve O'na ihsan etmek mi yoksa almak için almak mı, olduğunun analizini yapamaz.

Rabaş "Güncel Yazılar"

Maneviyatın kişinin dostuyla olan ilişkisini inceleyen kısmı, kişinin arzulanan hedefe gelmesini daha çok mümkün kılar. Bunun sebebi şudur, insan ve Yaradan arasındaki Sevap çalışması değişmez ve kendine hastır, çaba gerektirmez, kişi buna çabuk alışır ve alışkanlıkla yapılan şeyler de fayda sağlamaz. Oysa insan ve insan arasındaki Sevap değişken ve düzensizdir ve nereye dönerse dönsün her yerde onunladır. Bu yüzden, dostun şifası, daha kesindir ve amaca daha yakındır.

Baal HaSulam "Yaradan'ın İfşası"

Erdemliğin İncileri

Yaratılış doğasında olan kişiye göre, Yaradan sevgisi ile dost sevgisi arasında fark yoktur.

Bu böyledir, çünkü kişide var olmayan şey, ona gerçek dışı gelir. Hilel Hanasi'den maneviyatın arzulanan hedefini açıklamasını istediler, böylece hedefi yakınlaştıracaklardı ve uzun bir yol kat etmeleri gerekmeyecekti, o, şöyle cevap verdi, "Tek ayağımın üzerinde dururken bana maeviyatı öğret;" bunu dostunu sevmek, şekilde açıkladı, çünkü istenilen ve doğru olan bu olduğundan, amacı yakınlaştırır ve hızlandırır.

Baal HaSulam "Yaradan'ın İfşası"

Dostunu kandırdığını düşünen kimse, Yaradan'ı kandırıyordur, çünkü kişinin varlığından başka sadece Yaradan vardır. Bu böyledir, çünkü kendisi ile ilgili olarak "yaratılan" dediğimiz insanın, yaratılışının özü budur. Yaradan, insanın O'nun realitesinden ne kadar uzak olduğunu hissetmesini ister; şu hariç "tüm yeryüzü O'nun ihtişamıyla doludur."

Öyleyse, dostuna yalan söyleyen Yaradan'a da yalan söyler; ya da dostunu üzen Yaradan'ı üzer. Bu sebeple, eğer kişi doğruları söylemeye alışırsa, buna ona Yaradan'la ilgili olarak yardım eder.

Baal HaSulam "Duydum 67"

Manevi çalışmada iki kısım vardır: 1) Tanrı ve insan arasındaki Sevap ve 2) insan ve insan arasındaki Sevap. İkisi de aynı şeyi amaçlar- yaratılmış olanı, tek amaç olan O'nla bütünlüğe getirmek.

Ayrıca, ikisinin de pratik kısmı birdir ve aynıdır, çünkü kişi kendisi için değil Yaradan rızası için hareket ederse, o zaman Yaradan sevgisi için çalışmakla, dost sevgisi çalışmak arasında hiçbir fark hissetmez.

Baal HaSulam Yaradan'ın İfşası

İnsanlık için, İlahi emri kabul etmekten başka bir çözüm yoktur: İki ayette dediği gibi, Yaradan'a memnuniyet vermek için, başkalarına ihsan etmek.

İlki "dostunu kendin gibi sev" kuralıdır, ki bu maneviyatın niteliğidir. Bu şu demektir, toplumun mutluluğu için, başkalarına ihsan etmeyi istemenin ölçüsü, kendisi için istemesinden, daha az olmamalıdır. Yani dostunun ihtiyaçlarını, kendisininkinden daha önde tutmalıdır.

Diğer bir ayette şudur; "Ve sen Yaradan'ı tüm kalbinle, ruhunla ve benliğinle seveceksin." Bu dostunun ihtiyaçları için çalışırken herkesin önünde olması gereken hedeftir. Bu şu demektir, kişi Yaradan tarafından sevilmek için çalışır ve çaba gösterir.

Baal HaSulam "Barış"

ÇOĞUNLUĞUN DUASI

Kişi kendine acıdığında, kendisi için almaktadır. Daha fazla dua ederek, sadece O'nla eşit forma gelmeyi edinemez, aynı zamanda alma arzusunun kıvılcımları içinde daha çok beslenir. Bu ters yönde gittiğini gösterir, yani ihsan etme kabını inşa etmek yerine, kendi için alma kabını inşa etmektedir.

Erdemliğin İncileri

Oysa, kolektif için dua ederse, bu duayla, ihsan etmeye bağlanır. Daha çok dua ettikçe, bu ölçüde ihsan etmek için bir kap oluşturur ki bu şekilde "bağışlayıcı" denilen ihsan etme Işığını çeker.

Ve bu Işığı alarak, "merhamet" niteliği açığa çıkar. Bu şudur ki merhamet Işığını alarak, sevgi Işığını almayı hak eder.

Rabaş Merdivenin Basamakları

Kişi Yaradan'a, kendisini O'na yakınlaştırması için dua etmemelidir ki bu, kişinin küstahlığındandır, hangi sebeple o başkalarından daha önemlidir? Fakat toplum için dua ederse ki bu, "İnsanın birliği" denilen tüm ruhların bir arada olduğu Malkut'tur- ki Maneviyat tozun içindedir ve Malkut yükselmek için dua eder yani Yaradan onun içindeki karanlığı aydınlatacaktır ve bu şekilde tüm insanlar ve yakaranlar da dahil olmak üzere derecelerde yükselecektir.

Rabaş Merdivenin Basamakları

Toplum için üzülmeyip sadece kendi eksiklerini hissedenlerin, bereketi alan kapları da büyük değildir. Bu sebeple, maneviyatın genel ifşasından payını alamaz çünkü genel kap oluşması için değil, kendisi için çalışmıştır.

Fakat toplum için üzüntü duyan ve onlar için kendi acısıymış gibi acı hisseden kimse, Maneviyatın tam ifşası ile ödüllendirilir, yani kendi eksikliği, genelin eksikliği olduğundan bu tüm halkın tesellisidir. Dolayısıyla, Manevi Bereket herkes içindir.

Baal HaSulam

Geçerli yasa şudur ki, insanın kendisi "bir yaratılan" dır yani yalnız o vardır. Ondan başka bir tek Kutsal Maneviyat vardır. Sürgünde olan ve kurtulmayı bekleyen, çağdaşları için dua edenlerin, Maneviyat için de dua ettiği kabul edilir. Sonsuzluğun anlamı budur, bu şekilde Merhamet Işığı ifşa olur.

Rabaş Merdivenin Basamakları

"O duayı duyar." Yaradan tüm duaları duyduğundan, herkes neden dua tekil halde diye sorar şöyle yazdığı gibi, " Sen, Sen'in halkının ağzından çıkan her duayı merhametle duy." Bu şöyle yorumlanmalıdır, etmeye ihtiyacımız olmayan tek bir dua vardır – tüm kurtuluşun gerçekleşeceği Maneviyatı, tozların arasından çıkarmak.

Rabaş Merdivenin Basamakları

Bilgelerimiz şöyle der: "Halk için üzülen kişi ödüllendirilir ve halktan iyilik bulur." Malkut, tüm ruhların birliği olduğundan, maneviyatı çalışan bir gruba, "Kutsal Halk" denir.

Baal HaSulam "Duydum 35"

İnsanın Doğası ve Yaradan'ın Doğası

İnsanın özü, arzudur.

Baal HaSulam "Duydum 153"

İnsanın özü, realitedeki diğer unsurların özü gibidir, yani alma arzusudur.

Baal HaSulam "Zohar Kitabına Giriş"

Ruhun özü alma arzusudur. Bir amaçla diğeri arasındaki farkın, sadece niyetle ayırt edildiğini söyleyebiliriz.

Baal HaSulam "Zohar Kitabına Giriş"

Yaradan'ın yoktan var ettiği Yaratılıştaki en önemli farklılık, "alma arzusu" olarak tanımlanan tek bir duruma dayanır.

Baal HaSulam "Özgürlük"

Dünyamızdaki tüm maddesel öğeleri, yani boşlukta yer kaplayan her şeyi, bunlar cansız, bitkisel, hayvansal, manevî veya maddesel nesneler olabilir, her birinin eşsizliğini ve en küçük parçada dahi birbirlerinden nasıl farklı olduklarını inceleyecek olursak, alma arzusundan başka bir şey olmadığını görürüz.

Baal HaSulam "Özgürlük"

Erdemliğin İncileri

Hem fiziksel, hem manevî dünyada, manevî veya maddesel varlıklar olarak kabul ettiğimiz, tüm kaplar ve bedenlerin doğası, alma arzusudur.

Baal HaSulam "Özgürlük"

Kabalistler, Yaradan'ın bir parçası olan ruhu, dağdan kopmuş bir taşa benzetirler. Şöyle bir soru doğar, "O'nun özünden olan için, nasıl dağa benzer bir yapıda olduğu söylenebilir?" Şöyle yorumlanmalıdır, bu var olandan varlığa işaret eder, bu sebeple ruhu, dağdan kopmuş taşa benzetirler. Aralarındaki fark, "ruh" olarak adlandırılan kısım, varlığın bir parçasıdır. Bu kısım alma arzusudur, yani "Yaratılış" dediğimiz yoktan var olandır.

Rabaş "Merdivenin Basamakları"

Yaratılış, daha önce var olmayan bir şeyin ortaya çıkmasından bahseder. Buna yoktan var olmak denir. Ancak, 'O' yüce olduğundan ve her şeyi kapsadığından dolayı, O'nda var olmayan bir şeyi nasıl tanımlayabiliriz? Aynı şekilde, insanda 'O'nda olmayanı veremez.

Daha önce söylediğimiz gibi, O'nun yarattığı tüm Yaratılış, alma arzusu dediğimiz, tüm ruhların kabıdır (Kelim). Bu oldukça açıktır ki, O'nda alma arzusu olmadığından, O kimden alacaktır? Dolayısıyla, bu gerçekten daha önce var olmayan yeni bir Yaratılıştır ve bundan dolayı yoktan var olan olarak kabul edilir.

Baal HaSulam "Kabala İlminin Özüne Giriş"

Erdemliğin İncileri

Bencil Olmak, Her İnsanın Doğasında Vardır

Bencillik, hayvanlarda olduğu gibi her insanın doğasına yerleştirilmiştir.

Baal HaSulam "Çözüm"

İnsan, sadece kendini mutlu etme doğasıyla yaratılmıştır.

Rabaş "Merdivenin Basamakları"

Kendi yararına olmadığında, kişi tek bir hareket bile yapmaz.

Baal HaSulam "Zohar'ın Önsözü için Konuşma"

"Vahşî bir eşek (ego), bir insana dönüşebilir," kişi Yaratılışın merkezinden, bayağılıktan, kötülükten ve başkalarına ihsan etme isteği olmadan sadece kendi için hareket etme doğasından, çıktığı zaman bu gerçekleşir.

Baal HaSulam "Yaradan'ın İfşası"

İnsanın özü, sadece kendi için almaktır. Doğamız gereği, başkaları yararına en küçük şeyi bile yapmayız. Bunun yerine, başkalarına verdiğimizde, karşılığında çok değerli bir ödül almayı bekleriz.

Baal HaSulam "Zohar'ın Önsözü için Konuşma"

Erdemliğin İncileri

Dünyada yaşayan tüm insanların ortak noktası şudur ki, her birimiz, dostumuzu üzecek bir şeyi yaptığımızı dikkate almadan, her yönden kişisel faydamız için, tüm insanlardan istifade etmeye ve onlara zarar vermeye hazır durumdayız.

Baal HaSulam "Dünyada Barış"

Her bir insanın doğası, dünyadaki diğer insanların hayatını kendi yararına sömürmektir. Başkasına verdiğinde, bu sadece gereklilikten dolayıdır ki onda bile başkalarını kullanma vardır, fakat insan bunu öyle kurnaz bir şekilde yapar ki dostu buna dikkat etmez ve isteyerek kabullenir.

Baal HaSulam "Dünyada Barış"

Varlığın arzusunun dışındaki her şey, anlamsız ve gerçek dışı olarak kabul edilir ki her varlık için bu doğal bir yasadır. Başkasını sevmek için kişinin yaptığı her hangi bir eylem, Yansıyan Işıkla gerçekleşir ve karşılığı ödül olarak ona geri döner ve onun iyiliğine hizmet eder. Aslında, böyle bir eylem, sonuç için yapıldığından "başkasını sevmek" olarak tanımlanamaz. Bu, eylemin sonunda ödenen karşılık gibidir ve bu şekilde dost sevgisi olarak nitelendirilemez.

Fakat başkasını sevmeyle ilgili olarak, Yansıyan Işıktan bir kıvılcım almadan ve karşılık alma umudu olmadan her hangi bir eylem yapmak, doğamız gereği tamamıyla imkânsızdır.

Baal HaSulam "Yaradan'ın İfşası"

Erdemliğin İncileri

"Egoizm" derken gerçek egoistliği kastetmiyorum. Daha ziyade, kısıtlı egoizmden bahsediyorum. Bunun sebebi gerçek egoistlik, sadece kendini sevmektir ki bu tüm varoluşun olumlu, bireysel gücüdür. Bundan dolayı, ona hizmet etmese de özgecil güçle çelişmemektedir.

Ancak, egoizmin doğasının içinde şu vardır, varlığını sürdürebilmek için nefret ve başkalarını sömürme doğasını az veya çok edinmeye mecbur edilerek fazlasıyla kısıtlı hale gelir. Bu gerçek nefreti ifade etmez, daha ziyade kendi yararına dostunu sömürme eylemi olarak ifşa olur ve derecelerine göre daha karmaşık hale gelir, kurnazlık, hırsızlık, katliam gibi. Buna "kısıtlı egoizm" denir ve başkalarını sevmekten tamamıyla zıttır. Bu toplumu bozan negatif bir güçtür.

Baal HaSulam "Ulus"

İnsanın, Günahkâr İnsana Olan Üstünlüğü

Şunu görüyoruz ki, tüm canlı türlerinde olmayan, fakat sadece insanın arzusunda olan şey, Tanrısal Bütünlüğe gelme bilincidir. Buna, sadece insan hazırdır.

Bundan da anlaşılacağı gibi, insan türünün tüm varlığının sebebi, maneviyatı edinmek için hazırlıktır ve bu şekilde günahkârlardan (kalpteki noktası olmayanlar) daha üstün hale gelir.

Baal HaSulam "Bu Yahuda için"

İnsan varlığından önceki hal, günahkâr insan formudur. Bu sebeple şöyle yazar, "vahşî bir eşeğin sıpası, insan olarak

Erdemliğin İncileri

doğar" çünkü her insanın önce günahkâr olarak başlaması gereklidir. Şöyle denir, "İnsanı ve günahkârları sen koru Tanrım." Günahkârlara verilen şey, hayatını devam ettirmek ve amacını yerine getirmektir, aynı şekilde "Yaradan" insanın, hayatını devam ettirmesini ve amacını yerine getirmesini sağlar.

Öyleyse, insanın, günahkâr insandan daha avantajlı olduğunu anlayabiliyoruz. Aynı zamanda, onlar arzularında da ayrılırlar ki insanın dileği, diğerinden kesinlikle çok farklıdır. Ayrıca Yaradan'ın insanı kurtarışı ile günahkâr olanı kurtarışı, farklılıklar gösterir.

Baal HaSulam "Bu Yahuda İçin"

Tüm hayvanlar, doğaya güvenir ve tümüyle doğanın ötesinde, onsuz gelişmeyi başaramaz. Aslında insan düşünce gücü ile ödüllendirilmiştir, aşama aşama doğanın zincirlerinden bağımsız olmaya başlar ve ona üstün gelir. İnsan, doğanın gücünü taklit eder ve ona benzer şekilde hareket eder. Tavukların yumurta üzerinde kuluçkaya yatması gibi, doğanın onu parçalamasına izin vermez. Aksine, aynı tavuk gibi, yumurtaları koruyan bir makine inşa eder.

Baal HaSulam "Ulus"

Tüm realitedeki en önemli şey, hayvanlara verilen histir ki böylece her biri kendi varlığını hisseder. En önemli his, yalnızca insana verilen, başkalarının acısını ve sevincini de hissetmesine sebep olan, noetik (idrak) histir. Aslında, şu kesindir ki, Yaradan'ın Yaratılış amacının sebebi insandır.

Baal HaSulam "Kabala Çalışmasının Özü"

Erdemliğin İncileri

Günahkâr olanın maneviyatı düşer, çünkü dünyayı sadece kendine göre değerlendirir. Geleceğini ıslah etmek için geçmişin ilmine bakma kapasitesinde değildir. Oysa insan için bir avantaj vardır, aynaya bakar gibi geçmişe bakarak, nasıl ıslah olacağını görür. Benzer şekilde, akıl geçmiş tecrübelere bakarak ıslah olur.

Islah yollarını öğrenmek için, insanda olduğu gibi aynası olmadığından, günahkâr olan değişmez ve yaratıldığı gibi aynı seviyede kalır. İnsan ise, her geçen gün benzersiz olduğunu hissedene ve bundan emin olana kadar gelişir ve bu şekilde yüksek bilinçlere ilerleyebilir.

Baal HaSulam "Son Neslin Yazıları"

Beni duyun oğullarım: "İlim sokaklarda ağlıyor, o çığlık atıyor," "Kim Tanrı'nın yanında, bırakın bana gelsin," "Bu senin için boşuna değil; çünkü bu senin hayatın ve senin günlerin."

"Sen patates ve tahılı incelemek için yaratılmadın, sen ve senin eşeğin (egon) bir çukurdasınız." Eşeğin amacı kendi gibi olanlara hizmet etmek olmadığı gibi, insanın amacı da, kendi zamanının tüm insan bedenlerine hizmet etmek değildir. Daha ziyade, eşeğin(egonun) amacı, ondan üstün olan insana hizmet etmek ve insanın amacı da Yaradan'a hizmet etmek ve O'nun amacını tamamlamaktır.

Baal HaSulam "Yüzün Nur'u Kitabına Giriş"

Hayvansal: Görüyoruz ki, her hayvansal olanın kendi karakteri vardır; onlar çevreye bağlı kalmazlar ve her birinin ayrı hissi ve karakteri vardır. Kesinlikle Yaradan'ın arzusuna karşı hareket ederler. Kendi hayatları vardır ve onların yaşamı dostlarının ha-

Erdemliğin İncileri

yatına bağlı değildir, kendi varlıklarından daha fazlasını hissetmezler. Diğer bir deyişle başkasının hissine sahip değildirler. Ve doğal olarak da başkasını önemsemezler.

Konuşan seviyenin erdemleri: 1)Yaradan'ın arzusuna karşı hareket ederler. 2) Bitkisel formdan farklı olarak, çevreden bağımsızdırlar. 3) Toplumun üzüntüsüyle üzülerek ve hissederek, geçmişten ve gelecekten dersler alarak, başkalarını hisseder ve onlarla bütünleşirler ve ilgilenirler. Hayvansal olan ise sadece bugünü ve kendi varlığını hisseder.

Baal HaSulam "Duydum 115"

Cansız, bitkisel, hayvansal ve konuşan seviyelerle ilgili: İnsanın hayvanlara göre avantajı, belli bir amaç edinmesidir, yani bu amacı belli bir süre sonra edinebilmek için, başka bir seçimi olmadığından, gelecekteki hazzın yerine belli bir miktarda acı çekmeyi kabul eder.

Baal HaSulam "Özgürlük"

İnsanın tüm hayvanlara üstünlüğü şudur; aklımız öyle gelişmiştir ki arzunun tüm eylemleri, beynimize akıl ve anlayış şeklinde tecrübe ettiğimiz görüntüler olarak yerleşmiştir. Bu nedenle, akıl ve onun tüm sonuçları, arzudan gelen ürünlerdir.

Baal HaSulam "Beden ve Ruh"

Hayvansal: Her yaratılan kendi varlığını hisseder ve kendi yararına olanı çekip, kötü geleni iter. Bundan şu sonuç çıkar ki, realitedeki tüm bitkilerin toplam değeri, tek bir hayvana eşittir. Bu böyledir, çünkü tüm bitkisel âlemin, iyiyi kötüden ayıran gücü, havyasal âlemin tek bir canlısında bulunur.

Hayvansal âlemdeki bu hisseden kuvvet, bedenin dışında en kısa uzaklıkta bile işlemediğinden, zamana ve mekâna bağlı olarak sınırlıdır. Aynı zamanda kendi zamanının dışında, hiçbir şey hissetmez, yani gelecek veya geçmiş değil sadece şimdiki zamanı hisseder.

Onların üzerindeki konuşan seviye duygusal ve akılsal gücü beraberce taşır. Bu sebeple, gücü, hayvanlarda olduğu gibi iyi olanı alıp zararlı olanı iterek, zaman ve mekanla sınırlı değildir.

Doğası gereği ki bu maneviyattır, zamanla ve mekânla sınırlanmamıştır. Bu şekilde insan, geçmişte ya da gelecekte nerede olursa olsun, diğer nesillere yol gösterir.

Baal HaSulam "Yüzün Nur'u kitabına Giriş"

YARATILIŞIN AMACININ KONUSU İNSANDIR

Her şey insan içindir.

Zohar Kitabı

Konuşan seviyedeki bir insanın değeri, tüm realitede, aynı zamandaki ve geçmiş nesillerdeki hayvansal ve bitkisel seviyelerin gücüne eşittir. Bunun sebebi şudur onun gücü hepsini kuşatır ve hepsini güçleriyle beraber içinde barındırır.

Baal HaSulam "Yüzün Nur'u Kitabına Giriş"

Erdemliğin İncileri

Bizler insandan başka diğer varlıkların seviyesi üzerinde düşünmemeliyiz, çünkü insan Yaratılışın merkezidir. Ve tüm diğer yaratılanların kendi başlarına bir değeri yoktur, fakat insana mükemmelliğe ulaşması için hizmet eder. Dolayısıyla, onlarda insanla beraber farkında olmadan yükselir veya düşerler.

Baal HaSulam "Zohar Kitabına Giriş"

Tüm realitede, en önemli şey hayvanlara verilen histir ki her biri kendi varlığını hisseder. En önemli his, sadece insana verilen, başkasında olan acının ve mutluluğun hissini veren, idrak hissidir. Öyleyse, şu bellidir ki, Yaradan'ın Yaratılıştaki amacının konusu insandır. Onun için şöyle denir, "Yaradan'ın tüm işi onunladır."

Baal HaSulam "Kabala Çalışmasının Özü"

Yaratılış amacı, ne kadar parlak olurlarsa olsunlar, dünya, ay, güneş gibi büyük gezegenlere ve cansız seviyeye ve aynı zamanda kendi türleri arasındayken bile başkasının hissinde olmayan hayvansal ve bitkisel seviyelere mal edilemez. Bu şekilde, Tanrısallık ve O'nun Yüceliği onlara nasıl mal edilir?

Sadece insanlığa, manevi çalışma ve ıslaha bağlanarak, Yaradan'la eşitlik formuna gelerek ve alma arzusunu ihsan etmeye çevirip, kendilerine benzer aynı türdeki diğerlerinin hissiyle beraber, NaReNHaY dediğimiz, Üst Dünyalarda onlar için hazırlanan tüm dereceleri edinme hissi verilmiştir. Bununla, Yaratılış Düşüncesinin amacını almaya hazır hale gelirler. Her şeyden önce, tüm dünyaların yaratılış amacı, sadece insan içindir.

Baal HaSulam "Zohar Kitabına Giriş"

Erdemliğin İncileri

YARADAN DOĞASI İLE İNSAN DOĞASI ARASINDAKİ FARKLILIK

"Vahşi bir eşek insana çevrilebilir" çünkü insan yaratılışın merkezinden çıktığı zaman, kirlilikte ve bayağılılıktadır yani ona çoklukla kendini sevme verilmiştir ve başkalarına ihsan etme isteği olmadan, tüm eylemleri kendi etrafında döner.

Dolayısıyla, kişi üst kökünden en uzak noktadadır aynı zamanda kök, alma arzusu olmadan ihsan etme olduğundan, yeni doğan demek sadece alma arzusu içinde olmak demektir. Öyleyse, formu dünyadaki en alçak nokta olan, kirlilik ve bayağılık formu olarak kabul edilir.

Baal HaSulam "Yaradan'ın İfşası"

Alma arzusu, yaratılışta, yaratılanın ve kabın özü olarak zorunlu bir yasa olmasına rağmen, Yaradan'dan tamamıyla ayrılır. Bu böyledir, çünkü Yaradan'da alma arzusu olmadığından ve tam anlamıyla ihsan etme arzusunda olduğundan, Yaradan ve insan arasında, zıtlıktan dolayı form farklılığı vardır. Dolayısıyla, bundan daha büyük bir zıtlık yoktur. Bu zıtlık, onu Yaradan'dan ayırır.

Baal HaSulam "Kabala İlmine Giriş"

Kötülük, genel olarak, "egoizm" dediğimiz kendini sevmekten, başka bir şey değildir ki bu kendisi için alma arzusunda olmayan Yaradan ile, zıt bir formdur.

Baal HaSulam "Dinin Özü ve Amacı"

Erdemliğin İncileri

TÜM ACILARIN KAYNAĞI YARADAN'A OLAN UZAKLIKTIR

Yaradan'ın Yüzünün Nur'u gerçek hayattır ve onun gizliliği tüm kötülüklerin kaynağıdır.

Ramhal "Aklın Bilgisi"

Yaradan'dan bu kadar çok uzak olmamızın ve O'nun isteğini yerine getirmemeye bu kadar meyilli olmamızın sebebi, tek bir nedendendir ki bu neden çektiğimiz onca acı ve zorlukların ve tüm günahların, düştüğümüz hataların kaynağıdır. Açıkça, bu sebebi ortadan kaldırarak, tüm acı ve üzüntüden kurtuluruz. Bize, hemen O'nla tüm kalbimizle, ruhumuzla ve benliğimizle birliğe gelme, bağışlanır. Şu size söyleyebilirim ki bunun tek sebebi "O'nun yaratıkları üzerindeki İhsanını anlama eksikliği" den başka bir şey değildir ki bu sebeple O'nu doğru şekilde anlayamıyoruz.

Baal HaSulam "On Sefirot Çalışmasına Giriş"

İnsanların fikirleri arasındaki karışıklık ve her bir bireyin fikrinde sahip olduğu içsel çelişkiler, Maneviyat düşüncesinin eksikliğinden kaynaklanmaktadır.

Kabalist Raiah Kuk "Işıklar"

Birliğin yüceliğini ki bu özellik bize direkt olarak, dünyada tek ve tüm nesillerin kökü, yüce bir kaynak olan Yaradan'dan gelir, açıkça anlamamıza rağmen, bu bizim sığ egoizmimize bir-

Erdemliğin İncileri

leştiğinde, dünyada olan ve olacak olan tüm yıkımların kaynağı olana kadar, yıkım ve bozulmaya sebep olur..

Baal HaSulam "Dünyada Barış"

Haz ve yücelik, Yaradan'la eşitlik formuna göre ölçülür. Acı ve hoşgörüsüzlük ise Yaradan'la uzaklık formuna göre ölçülür. Dolayısıyla, egoizm, bize Yaradan'dan zıt bir formda olduğumuzdan dolayı, acı ve kötülük getirir.

Baal HaSulam "Dinin Özü ve Amacı"

Gerçekte, tüm insanoğlu kendisi için alma arzusunu iptal edip, ortadan kaldırdığında ve dostuna ihsan etmek arzusundan başka bir arzuda olmadığında, dünyadaki tüm endişeler ve tehlikeler yok olacaktır. Her birimiz bizimle ilgilenen bir dünyaya sahip olacağımızdan, tüm arzularımızı karşılayan tam ve faziletli bir yaşamla ödüllendirileceğiz.

Fakat sadece kendimiz için alma arzusunda olduğumuzdan, acılarımızdan, üzüntülerimizden ve savaşlardan kaçamayız. Bu bedenlerimizi her türlü acı ve hastalıkla, zayıf düşürür.

Baal HaSulam "Zohar Kitabına Giriş"

Fakat eğer... Sadece fiziksel dini vecibeleriyle ilgilenenler, ruhların durumunu ve derecesini inceleyen içselliğinin erdemini ve onun sırlarını ve hissini ve algısını düşürürse? Aynı zamanda, eğer kişi nadiren içselliğine bağlanırsa ve bununla dünyanın içselliğini düşürür ve onurlandırmazsa ve dünyanın dışsallığını

Erdemliğin İncileri

yüceltirse ve insanın içselliğe ihtiyacı yokmuş gibi gereksiz kabul ederse, Allah korusun.

Dahası bununla, dışsallığını, içselliğinin üzerinde daha güçlü kılarlarsa, dünyanın kötülüğü ve yıkımı, içselliğin üzerinde yükselir. Ve bu da bizim neslimizin şahit olduğu yıkımı getirir. Allah bizleri bundan korusun.

Baal HaSulam "Zohar Kitabına Giriş"

Zohar'ın sözlerinden şunu öğreniyoruz ki insanın manevi çalışma ve ıslahı denilen sevaplarla, ödül almadan sadece Yaradan'a ihsan etme arzusuyla yerine getirdiği eylemlerinden önce, Merhamet Işığı'nın ve sevginin, dünyada uyanmayacağıyla ilgili bir ahit vardır. Ahit'in anlamı şudur "Kalpleri uyananlara yalvarıyorum."

Dolayısıyla, Yaradan'dan ayrı oluşumuz ve çektiğimiz acı bize bağlıdır ve manevi çalışmanın erdemini beklemektedir. Ve biz onu edinirsek, Merhamet'in ve sevginin Işığı, hemen uyanacaktır, şöyle yazdığı gibi " İlmin ve anlayışın ruhu onun üzerinde dinlenecek." Ondan sonra tam bir kurtuluşla ödüllendirileceğiz.

Baal HaSulam "On Sefira Çalışmasına Giriş"

BÜTÜNLÜĞE GELMENİN İKİ YOLU

Bütünlüğe gelmenin iki yolu vardır: Işığın yolu ve ıstırabın yolu.

Baal HaSulam "Çözüm"

Erdemliğin İncileri

Gelişimin yönetilmesinde rol alan iki güç vardır: Bir tanesi, Üst Dünyaların otoritesidir ki zararlı olanı ve kötü olanı iyi ve yararlı hale çevirir, fakat bu, vakti gelince, kişinin çabasıyla ve uzun bir zaman sonra olur. İkinci olarak dünya otoritesi vardır. "gelişen nesne" varlık olduğundan, onu yolundan insafsızca ayıran, "gelişim baskısı" altında, varlık büyük acılar çeker.

Fakat yine de, kendi devletinin hükmü altında onun yasalarını yerine getiren, dünya otoritesine bağlı insanlar, zamanı hızlandırarak, onun zincirlerinden kendilerini kurtarıp, varlıklarını ıslah edebilirler.

Baal HaSulam "Dünyada Barış"

Şunu akılda tutun ki, bu iki güç, bizi daha önce bahsettiğimiz merdivenin basamaklarını çıkmak için iter, ta ki Yaradan'la form eşitliği noktası olan, en tepeye ulaşana kadar. Bu iki güç arasındaki fark şudur ki, "acının yolu" yahut "dünyanın yolu" dediğimiz güç, bizi arkadan iter.

İkinci güç ise bizi bilinçli olarak iter ki bu bizim kendi seçimimizdir. Bu güç "manevi çalışma ve ruhun arınması" olarak tanımladığımız güçtür. Yaradan'a bizi yakınlaştıran, maneviyat ve ıslahı yerine getirmek, bizi derhâl kötülüğün farkında lığına getirir, tıpkı Yaradan'ın İfşası adlı yazıda bize anlatıldığı gibi.

Bundan iki fayda sağlarız:

A. Hayatın, sadece acı ve yıkım olarak bizi zorlayan sınamalarını, bizi arkadan itmesi için, beklemek zorunda değiliz. Tersi olarak, Yaradan'ı memnun etmek için çalıştığımızda hissettiğimiz mutluluk, her durumda önümüze çıkan bencilliğin ve alçaklığının farkındalığı, gelişir ve büyür. Dolayısıyla, Yaradan'a hizmet etmenin mutluluğuyla, haz ve huzur duyarak, O'nla form

Erdemliğin İncileri

eşitliğine gelmenin memnuniyeti ve kötülüğün farkındalığını, yavaşça içimizde geliştirir.

B. O, bizi aydınlatmak için hareket ettiğinden ve çalışmamızı arttırmayı sağlayıp, isteğimize bağlı olarak zamanı kısalttığından, zaman kazanırız.

Baal HaSulam "Dinin Özü ve Amacı"

Şu gerçektir ki, insanlar, arzularında Yaradan'a yaklaşmak için yaptıkları eylemleriyle ödüllendirilmeli, gerçeği idrak edip ve dünyanın yalan yaşamını bırakmalıdırlar. Anladıkları ve zaten bildikleri gibi, Yaradan'ın yolunun zıttı olan her şey kötülüktür ki bu O'nun mükemmelliğini gizlemek için, Üst Gücün arzuladığı ve yarattığı bir şeydir.

Dolayısıyla, bu aldatmacadan nefret edecekler ve gizlenmiş ve örtülmüş Işığını -Yaradan'ın Yüzünün Nur'unu- seçecekler. Böyle yaparak O'nun eşsizliği, onlara ifşa olacak ve kurtuluşu kendilerine çekecekler. Yaradan'ın sürgününün uzaması ve acı ile kendini, onlara gösterme ihtiyacı kalmayacaktır, çünkü onlar için yeterli olan gerçek, akıllarında açıklığa kavuşacaktır. Bu açıklığa kavuştuğunda, her şey aydınlanmış olacaktır.

O'nun eşsizliğinin gerçeğine tutunmak için kötülüğü fark edip, gördüklerinden bir kenara bıraktılar ve bu meseledeki tek niyet bu olduğundan, yapılması gerekli olanı yaptılar ki onlara ifşa olan gerçekle mutlu olsunlar. Dolayısıyla, ifşa olduğunda, her şey açığa çıkmış olacaktır.

Ramhal "Aklın Bilgisi"

Erdemliğin İncileri

Tüm realiteye yayılmış gelişim yasası, kötülüğün Yaradan'ın gücüyle, yani insanların iznini almadan iyi ve faydalı eylemlere dönüşmesini garanti etmiştir. Fakat yine de Yaradan bilgiyi ve yetkiyi insan eline vermiş ve yukarıda bahsedilen gelişim yasasını, kendi yetkisi ve devleti altına almasına ve gelişim sürecini dilediğince, özgürce ve kesinlikle zaman sınırlaması olmadan, hızlandırmasına izin verilmiştir.

Baal HaSulam "Dünyada Barış"

Şimdi onların bu sözlerini anlayabilirsiniz, "Ben Yaradan, zamanı hızlandıracağım." Ya da "Zamanında ödüllendirilmedi; ödüllenmesi için, hızlandıracağım"

Dolayısıyla, yukarıda bahsedilen amacı edinmenin iki yolu vardır: İlki, "tövbenin yolu" dediğimiz şekilde. Eğer kişi bununla ödüllendirilirse, o zaman "zamanı hızlandıracağım" şekli ona bağlanır. Bu şu demektir, bunun için belli bir zaman yoktur, fakat ödüllendirildiğinde, elbette ıslah sona erer.

Eğer ödüllendirilmediler ise, "acının yolu" denilen başka bir yol daha var ki, bu şekilde maddeselliği ve bu günah yuvasından başını kaldırıp kalkmayı idrak ederler ve mutluluğun merdivenlerini tırmanmayı başararak ıslah olabilirler ve böylece köklerine tutunup, amacı tamamlarlar.

Baal HaSulam "Yüzün Nur'u"

Öyleyse, kademeli gelişim yasasıyla, sonuç insan için kesindir ve buna "zamanında" denir, yani zamanın zincirlerine bağlı olarak gelişim. Ve insanın sonu, zamandan bağımsız olarak, "hızlandıracağım" denilen, gelişimlerini kendi otoriteleri altında almalarıyla, garanti altına alınmıştır.

Baal HaSulam "Dünyada Barış"

Özgür Seçim

İNSANIN ÖZGÜR SEÇİMİ VAR MIDIR?

Bizler, dışsal güçler vasıtasıyla oluşturulan, çalışan ve bu şekilde hareket etmeye zorlanan makineler gibiyiz. Bu şu demektir, hepimiz acı ve haz zincirlerini kullanarak, uygun gördüğü yere bizi çeken ve iten İlâhî Düzenin hapishanesine kapatılmış gibiyiz.

Öyle görünüyor ki, bu dünyada özgür veya kendi ayakları üzerinde duran kimse olmadığından, bencillik diye bir şey yok. Eylemin sahibi ve icra edeni ben değilim, çünkü bir şey yapmak istediğimde zorunlu bir şekilde farkında olmadan eylemi yapıyorum.

Baal HaSulam "Özgürlük"

Bireyin eylemlerini incelersek, onların zorunlu olarak yapıldığını görürüz. Onları yapmaya mecbur edilmiştir ve özgür seçimi yoktur. Bir bakıma, ocağın üstünde pişen güveç gibidir; pişmekten başka seçeneği yoktur. Pişmelidir, çünkü İlâhî Düzen hayatı iki zincirle zorlaştırır: acı ve haz. Her şey söylenip, yapıldığında, insanla hayvan arasında fark olmaz. Eğer durum buysa, herhangi bir özgür seçim değil, fakat acı veren koşulları ret eden ve hazza doğru onları çeken bir güç vardır. İlâhî Düzen, hiç fikirlerini sormadan onları kendi istediği yere, bu iki güçle, yönlendirir.

Ayrıca, hazzın şeklini belirleme ve ondan fayda sağlama bile tamamıyla kişinin özgür seçimi değildir çünkü kendinin değil başkalarının arzusuna göre hareket eder. Örneğin: Oturuyorum, giyiniyorum, konuşuyorum ve yiyorum. Tüm bunları, kendi istediğim şekilde değil, başkaları benden bu şekilde oturmamı, konuşmamı ve giyinmemi istediği için yapıyorum. Bundan anlaşılacağı gibi, tüm eylemlerim, benim özgür seçimimden değil toplumun arzusu ve düşüncesi böyle olduğundandır.

Ayrıca, çoğu durumda, tüm bunları kendi arzumun dışında yaparım. Çünkü zorlama olmadığında basit bir hayatla daha mutlu olabilirim. Fakat tüm eylemlerimde toplumu oluşturan başkalarının düşüncelerine ve hareketlerine, demir prangalarla bağlıyım.

Öyleyse, söyleyin bana, özgür seçimim nerede?

Baal HaSulam "Özgürlük"

İnsan, etrafında kimse olmasa bile, yemek, içmek, uyumak, vb ister. Oysaki etrafında insanlar varsa, onu buna mecbur eden utanç meselesi vardır. O zaman, insanların onu zorladığı şekliyle, yemeli ve içmelidir.

Giyinmede de bu böyledir. Evdeyken insan kendi için rahat olanı giyinir. Oysa insanlar arasında, onların görmek istedikleri gibi giyinir. Utanç onu, diğerlerinin düşüncelerini takip etmeye zorladığından, özgür seçimi yoktur.

Rabaş "Sosyal Yazılar"

Şimdi bilgelerimizin şu söylediğini anlayabilirsiniz, "Öyleyse hayatı seç." Şunu söylemektedirler, "Bir babanın oğluna 'topraklarımdan, kendine uygun olan kısmı seç' demesi gibi, hayatını kendin seçmeni öğütlüyorum." Baba, oğlu için iyi olanı istediğinden, "Bunu kendin için seç" diyor. Şöyle denir, "Tanrım, mirasımı ve kaderimi sen koru. 'Bu senin için' dedin ve elimi iyi olanın üzerine koydun."

Erdemliğin İncileri

Bu sözler, kafa karıştırıcı gibi gözüküyor. Ayet şöyle der, "öyleyse hayatı seç." Bu şu demektir, kişi seçimini kendi yapar. Bununla birlikte, 'O' iyi olanı verir, derler. Öyleyse, burada bir seçim yok mudur? Dahası, Yaradan'ın iyi olanın üzerine kişinin elini koyduğunu, söylerler. Bu gerçekten kafa karıştırıcıdır, çünkü eğer böyleyse, o zaman kişinin seçimi nerdedir?

Baal HaSulam "10 Sefira Çalışmasına Giriş"

Ve şimdi onların sözlerinin gerçek anlamını anlayabilirsiniz. Şu doğrudur ki, Yaradan acı ve zorlukla dolu maddesel hayatın içinde ona haz ve memnuniyet vererek, kişinin elini iyi olanın üstüne koyar ve onu bundan yoksun bırakmaz. Kişi, zorlukların ortasında gibi görünse bile huzurlu bir yer bulduğunda, acıdan kaçar. Ölümden daha zor olan bu hayatta, hazza doğru gider. Gerçekten, Yaradan'ın yaptığı bundan daha büyük bir yerleştirme yoktur.

Kişinin seçimi, bu güce başvurur, çünkü burada kendi hazzı için değil, Lişma dediğimiz Yaradan'a memnuniyet vermek için, manevi çalışma ve sevapları edinerek arzularındaki arınmada, büyük bir çalışma ve emek vardır. Ancak bu şekilde, kendisini arındırarak, mutlu ve hoş bir hayatla, kişi donatılır.

Yine de, bu arınmaya gelmeden önce, birçok yöntemlerle, iyi anlamda bunu güçlendirme seçimi vardır. Aynı zamanda, kişi yarı yolda düşmemek ve ıslah çalışmasını tamamlayana kadar, bu gücü bulabilmek için elinden geleni yapmalıdır.

Baal HaSulam "10 Sefira Çalışmasına Giriş"

Erdemliğin İncileri

Doğamızdaki onca çirkin nitelikleri, Yaradan bize vermiştir ve bizi bu şekilde yaratmıştır.

Rabaş "Mektup 29"

ÇEVRENİN İNSAN ÜZERİNDEKİ ETKİSİ

Kişinin tüm erdemi ve maneviyatı, çevre seçimine bağlıdır.

Baal HaSulam "Özgürlük"

Sadece, çevre seçimi meselesiyle, kişinin kendi üzerindeki egemenliği değerlendirilir ve bu sebeple ceza veya ödül alır.

Baal HaSulam "Özgürlük"

Önem ve yüceliği edinmek, tamamıyla çevreye bağlıdır.

Baal HaSulam "Zohar'ın Girişi için Konuşmalar"

Sadece çevre seçimiyle, kişi yerilir veya övülür. Çevresini seçtiğinde, çömlekçinin elindeki çamur gibi artık onun ellerindedir.

Baal HaSulam "Özgürlük"

Erdemliğin İncileri

Bu niyet için, öncelikle kişinin, onu iyi olana getiren rehberler ve kitaplarla, çevresini seçme özgürlüğü vardır. Eğer kişi bunu yapmazsa, kendi isteğiyle bir çevreye girer ve eline geçen bir kitabı okursa, kötü bir çevreye düşer ve değersiz kitaplarla vaktini harcar ki onlar her tarafta ve kolay elde edilebilir durumdadır. Dolayısıyla, günah işleyeceği ve suçlanacağı, boş şeylerle ilgilenmeye zorlanır. Kendi seçiminde olmayan kötü düşünceler ve davranışlar için değil, fakat iyi bir çevrede olmayı seçmediği için -ki bu gerçekten bir seçimdir- kesinlikle cezalandırılacaktır.

Baal HaSulam "Özgürlük"

Daha iyi bir çevre için kim çabalarsa, ödül ve övgüye değerdir. Seçimi dışında kendisine verilen iyi düşünceleri ve davranışları için değil, ona bu iyi düşünceleri ve davranışları veren çevreyi edinmek için gösterdiği çabadan dolayı buna değerdir. Kabalist Yehoshua'nın dediği gibi "Kendine bir öğretmen bul ve bir dost satın al."

Baal HaSulam "Özgürlük"

Şimdi, şehrinde yaşaması ve bunun için kendisine binlerce altın sikke vereceğini söyleyen kişiye, Kabalist Yusuf Ben Kisma'nın, verdiği cevabı anlayabilirsiniz. "Bana tüm altın, gümüş ve mücevherleri versen bile, ben sadece maneviyatın olduğu yerde yaşayacağım." Bu sözleri, bizim sıradan aklımızla idrak edemeyebiliriz, çünkü kimseden bir şey öğrenmeye ihtiyacı olmayan büyük bir bilge olmasına rağmen, insan nasıl olurda maneviyatı çalışan tek bir öğrencinin olmadığı yerde yaşaması için verilen onca altından vazgeçer? Gerçekten de, bu bir gizemdir.

Baal HaSulam "Özgürlük"

Erdemliğin İncileri

Herkesin "ilksel özü" olmasına rağmen, Üst güçler ancak bulunduğu çevre vasıtasıyla kişiye ifşa olur tıpkı çevresi vasıtasıyla gücü ortaya çıkan buğday gibi, ki bunlar toprak, yağmur ve güneş ışığıdır.

Böylece, Kabalist Yosi Ben Kisma'nın öngördüğü gibi, kişi seçtiği iyi çevreyi bırakıp, Işığın olmadığı kendine zarar veren bir çevreye düşerse, sadece önceki edindikleri tehlikeye düşmez aynı zamanda eylemleriyle henüz ifşa etmediği, özünde saklı diğer güçler de ondan gizlenir. Bu böyledir, çünkü onlar, bu güçleri harekete geçirecek doğru çevrede değiller.

Yukarıda söylediğimiz gibi, kişinin kendi üzerindeki hükümdarlığı ancak çevre seçimiyle ölçülür ve bu şekilde ödül veya ceza alır.

Baal HaSulam "Özgürlük"

Büyüklük derecesi, bireye değil, çevreye bağlıdır. Örneğin, kişi erdemlikle dolu olsa bile, çevresi onu takdir etmezse, maneviyatı düşük olur ve doğru olduğunu bildiği halde sahip olduğu erdem için kıvanç duymaz. Aksine, sanki erdemliymiş gibi çevrenin takdirini alan amaçsız kişi, önem ve büyüklük çevreden geldiğinden dolayı gururla doludur.

Baal HaSulam "Zohar'ın Bitişi için Konuşma"

Her insan anne ve babasından miras aldığı nitelikler taşır ve aynı zamanda çevresinden gelen niteliklere de sahiptir. Tüm bunlar ona, ondan daha iyi niteliklere sahip dostlarını kıskanması ve onlara bağlanmasıyla gelir. Sahip olmadığı için kıskandığı iyi nitelikler, kişiyi bunları edinmesi için motive eder.

Erdemliğin İncileri

Öyleyse, ondan daha yüksek derecede olduklarını görerek, grup vasıtasıyla yeni nitelikler kazanır ve onlara imrenir. İşte bu sebeple, grubu olmadığı zamanki halinden, daha yüce olur çünkü onlar vasıtasıyla yeni güçler edinir.

Rabaş "Sosyal Yazılar"

Kişi maneviyat için bir istek ve özlem içinde değilse, bu isteği taşıyan kişiler arasında olduğu zaman eğer bu insanları severse, istek ve özleme sahip olmadığı halde onların isteğiyle maneviyatı edinme gücünü kendinde bulur. Ancak onlara gösterdiği önem ve değerle bu olur ve yeni güçler edinir.

Baal HaSulam "Duydum 99"

Kişi kabuğundan kendini çıkaramaz. Bu yüzden çevresinden beslenir. Ayrıca çalışma ve Işıktan başka seçeneği yoktur. Öyleyse, eğer kişi kendine doğru çevre seçerse, zaman kazanır.

Baal HaSulam "Duydum 225"

Bilgelerimiz şöyle der, "Kendine bir öğretmen bul ve bir dost satın al." Bu şu demektir, kişi kendi için yeni bir çevre yapar. Bu çevre hocasının büyüklüğünü, dost sevgisi vasıtasıyla edinmesine yardım eder. Dostların arasındaki bağla, her biri onun büyüklüğünün hissini edinir. Bu şekilde, hocasının amacına ihsan etme, kişiye Yaradan'a bağlanma isteği verir.

Bununla ilgili şöyle derler, "Işık, bilgelere hizmet, dost seçimi ve 48 erdemle kazanılır" Bu böyledir, çünkü hocaya hizmet etmenin yanında, kişinin dostlarının etkisine ihtiyacı vardır ki böylece hocalarının büyüklüğünü edinmede etkili olsunlar. Büyüklüğü edinmek çevreye bağlıdır ve birey bu olmadan hiçbir şey yapamaz.

Baal HaSulam "Zohar'ın Bitişi için Konuşma"

Kişi, çevresinin çalışmayı azalttığını ve O'nun büyüklüğünü takdir etmediğini gördüğünde, çevrenin üstesinden gelemez. Bu şekilde O'nun büyüklüğünü edinemez ve onların yaptığı gibi çalışmayı azaltır.

O'nun büyüklüğünü edinmede eksikliği olduğundan, kendi için değil, Yaradan'a ihsan etme çalışmasını yapamaz. Bu böyledir, çünkü gerekli isteği yoktur ve "Eğer çalışıp bulamıyorsan, inanma." Kişinin tek seçimi ya kendi için çalışmak ya da çalışmamaktır, çünkü onun için Yaradan'a ihsan etmek, kendi için almakla aynı olmayacaktır.

Şimdi, "Halkın çoğunluğunda, Kral'ın ihtişamı," ayetini anlayabilirsiniz. Çevreden gelen büyüklük ölçüsü iki koşuldadır:

1. Çevrenin takdiri.

2. Çevrenin büyüklüğü. Böylelikle "Halkın çoğunluğunda Kral'ın ihtişamı." mümkün olur.

Baal HaSulam "Zohar'ın Bitişi için Konuşma"

Erdemliğin İncileri

GENELİN VE BİREYİN SEÇİMİ BİRDİR

Kabalist Şimon Bar Yohay, Aravut(Ortak Sorumluluk) tanımını şöyle yapar, iki kişi bir kayıktadır ve bir tanesi kayıkta bir delik açmaktadır. Dostu sorar, "Neden delik açıyorsun?" diğeri şöyle cevaplar "Bu seni ne ilgilendirir? Senin değil, kendi kısmımda deliği açıyorum." Dostu şöyle cevap verir, "Aptal! İkimiz birden batacağız!"

Baal HaSulam "Ortak Sorumluluk"

Kabalist Elazar şöyle der, 'Dünya ve insan çoklukla yargılandığından, kişi bir Sevap yerine getirirse, ne mutlu ona ki tüm dünyayı ve kendini erdemliğe getirir. Eğer günah işlerse, yazıklar olsun ona çünkü hem kendini hem de dünyayı günaha getirir.'

Baal HaSulam "10 Sefira Çalışmasına Giriş"

Bir tohumdaki iki bezelye tanesi gibi aynı olan, genelin ve bireyin arasındaki sabit yasadan dolayı, kişinin yaptığı eylemlerin, yükseliş veya düşüşe sebep olmasına şaşırmayın. Genele mal edilen, bireye de mal edilir. Dolayısıyla, bütünü parçalar meydana getirir, çünkü bütün, ancak niteliğine ve sayısına göre içindeki parçalar açığa çıkınca görünür. Belli ki, tek bir parçanın eyleminin değeri, tüm dünyayı yükseltir veya düşürür.

Baal HaSulam "Zohar Kitabına Giriş"

Toplum içindeki her bir birey, bir makinenin içindeki birçok diğer dişliye bağlı bir dişli gibidir. Bu tek dişli, kendi başına hareket etme özgürlüğüne sahip değildir fakat makinenin düzgün çalışması için diğer dişlilere, ivme kazandırmaya devam eder.

Eğer dişlilerde bir bozukluk olursa, dişlinin kendisinden kaynaklanan bir bozukluk olarak değil, makinenin içindeki rolüne ve çalışmasına göre, bozukluk olarak değerlendirilir.

Baal HaSulam "Dünyada Barış"

Bu sebeple, bizim neslimizde, dünyadaki tüm ülkeler bireyin mutluluğunu hedef alırsa, her bir birey makinedeki dişli gibi tüm dünyanın kölesi olur.

Fakat, tüm dünya ülkelerinde durum böyle değilse, kişilerin iyi, mutlu ve barışsever olama olasılığı hayal bile edilemez. Bizim zamanımızda, tüm ülkeler yaşam gereksinimleri için birbirine bağlıdır, tıpkı eski zamanlarda bireyin ailesine bağlı olması gibi. Dolayısıyla, bundan sonra bir tek ülkenin veya ulusun iyiliği için yapılan konuşmalarla veya sadece bununla ilgili yönetimlerle ilgilenmemeliyiz, daha ziyade her bir bireyin yararına ve zararına olan şey, tüm dünyadaki insanların yararına bağlı olmasıyla ölçüldüğünden, tüm dünya insanları için iyilik istemeliyiz.

Baal HaSulam "Dünyada Barış"

Şu doğrudur ki, genel ve birey aynıdır ve birdir. Birey, genelin kölesi olmaktan zarar görmez, çünkü genelin ve bireyin özgürlüğü birdir ve aynıdır. Ve bu şekilde hem iyiyi hem de özgürlüğü paylaşırlar.

Bu yüzden, iyi davranışlar ve kötü davranışlar, iyi eylemler ve kötü eylemler, sadece toplum yararına olmasıyla değerlendirilir.

Erdemliğin İncileri

Elbette ki, bu sözler eğer tüm bireyler, topluma karşı tüm sorumluluklarını yerine getirip, hak ettiklerinden ve dostunun payından fazlasını almaz ise geçerlidir. Eğer genelin bir parçası düzgün davranmazsa, hem kendileri hem de genel zarar görür.

Hepimizin bildiğini daha fazla tartışmamalıyız ve önceki söylenenler sadece güçlükleri ve ıslah olması gerekenleri göstermek içindir ve her bir birey anlayacaktır ki, kendi yararı ve genelin yararı aynı ve birdir.

Baal HaSulam "Dünyada Barış"

Bizim konumuzda, genelin içindeki her bir bireyin yararı, kendisinin iyi olmasına göre değil, topluma faydalı olmasıyla değerlendirilir. Tersi olarak, her bireyin kötü eğilimini, kendi bireysel değerine göre değil, sadece topluma verdiği zarara göre değerlendirilir.

Bunlar, hem içinde barındırdığı gerçek ve iyilikten dolayı kristal berraklığındadır. Bunun sebebi, bireyde bulunan şey genelde de bulunur. Genelin yararı, her bir bireyin yararınadır: birey bütünün parçası olduğundan ve bütün tek başına değerli olmadığından, kim genele zarar verirse, zarardan payını alır ve her kim genele yarar sağlarsa, bu yarardan payını alır.

Öyleyse, genel ve birey birdir ve aynıdır. Birey, genelin içinde köle olmaktan dolayı zarar görmez, çünkü genelin ve bireyin özgürlüğü birdir ve aynıdır. Hem iyiyi, hem de özgürlüğü paylaşırlar.

Baal HaSulam "Dünyada Barış"

Erdemliğin İncileri

Vücudun tüm organları birdir. Tüm vücut, düşüncelerini ve hissini organları vasıtasıyla birbirine iletir. Örneğin vücut, belirli bir organın ona hizmet etmesini ve memnun etmesini düşünürse, bu organ düşünceyi anlar ve bu memnuniyeti sağlar. Eğer bir organ yerinin dar olduğunu düşünür ve hissederse, vücudun diğer organları bu düşünceyi anlar ve derhâl onu rahat bir yere taşır.

Yine de, organ vücuttan çıkarıldığında iki ayrı öz olurlar; vücudun geri kalan kısmı ayrılan parçanın ihtiyaçlarını artık bilmez, ayrılan parçada vücudun düşüncesini bilemediğinden ona hizmet edemez. Fakat bir cerrah gelirde organı tekrar eski yerine yerleştirirse, organ bir kez daha vücudun düşüncelerini ve ihtiyaçlarını bilir ve aynı şekilde vücutta, bu organın ihtiyaçlarını hisseder.

Baal HaSulam "Zohar'ın Bitişi için Konuşma"

Bilgelerimizin yazdıklarını şimdi yorumlayabiliriz. "Erdemli olan, ödüllendirilir. Hem kendinin hem de dostunun payını Cennette alır. Hayvansal olan, mahkûm edilir. Hem kendinin hem de dostunun payını Cehennemde alır." Bu şu demektir, kişi dostunun farklı düşüncesini ve yargısını edinmelidir ve biz her birimizin kendine ait bir düşüncesi ve fikri olduğundan, bu kadar çok insanın yaratılma ve dünyada var olma sebebini, tüm dünyaya izah etmeliyiz.

Bu çok açıktır ki, her bir kişi dostunun düşünceleriyle kaynaşır. Bu suretle, kişi tövbe ettiğinde bundan elde ettiği kazanç, kaynaşma/entegre olma(Hitkalelut) olacaktır.

Bu böyledir, kişi tövbe etmeyi istediği zaman, tüm dünyanın farklı inançlarıyla ve düşünceleriyle kaynaşmış olduğundan, kendini ve tüm dünyayı erdemlik ölçüsüne getirir.

Baal HaSulasm "Duydum 33"

Erdemliğin İncileri

Eğer kişi günah işlerse ve Yaradan'a yakın olmak istemezse, Yaradan borcunu senden mi alacak? Bu mümkün müdür? Şöyle yazdığı gibi "Babalar oğullarını öldürmez, herkes kendi günahı yüzünden ölür." Öyleyse, hiç tanımadığın bir yabancının günahlarından sorumlu olduğunu sana nasıl söyleyebilirler ki?

Bu sana yeterli gelmiyorsa, şunu dinle: "Kabalist Elazar der ki: "Dünya ve insan çoklukla yargılandığından, eğer kişi bir Sevabı yerine getirirse, ne mutlu ona ki tüm dünyayı erdemlik ölçüsüne getirir. Eğer günah işlerse, yazıklar olsun ona ki hem kendini hem de dünyayı günah ölçüsüne getirir, şöyle söylendiği gibi, 'bir günahkâr, iyiyi yok eder.""

Dünyadaki herkes birbirinden sorumlu ve her bir kişi, yaptıklarıyla dünyaya erdemlik ya da günah getirdiğinden, Kabalist Elazar, beni tüm dünyanın erdemliğinden sorumlu tuttu.

Baal HaSulam "Yaradan'ın İfşası"

Genel ve birey, kabuğun içindeki bezelye gibi eşit olduğundan, suyun en küçük parçasının (molekül) içinde, tüm güneş ve gezegenlerin tam sistemini buluruz. Benzer şekilde, insanın içinde Üst Dünyaların (Atzilut, Beriya Yetzira, Asiya) görüntüsünü bulursunuz. Kabalistlerin söylediği gibi, Baş (Roş) Atzilut, göğüs (Chazeh) Beria, göbek (Tabur) Yetzira ve onun aşağısı Asiya' dır.

Baal Ha Sulam "Doğumun Anlamı"

Gruptaki Manevi Çalışma

GRUBUN AMACI

Bizler, Baal HaSulam'ın yolunu ve metodunu takip etmek isteyenlerle beraber hayvansal seviyeden insan seviyesine çıkabilmek için bir grup oluşturmak amacıyla, burada bir araya geldik.

Rabaş "Sosyal Yazılar"

Biz burada, her birimizin Yaradan'a ihsan etmeyi arzuladığı bir grup oluşturmak için bir araya geldik. Yaradan'a ihsan etmek için, önce "dost sevgisi" dediğimiz insana ihsan etmekle başlamalıyız.

Başkasını sevmek, ancak bireyin kendini iptal etmesiyle olur. Her birey, bir yandan kendini diğerlerinden aşağıda hissetmeli, bir yandan da Yaradan, tek amacı maneviyatı edinmek olan grubun içinde olma şansını ona verdiği için gurur duymalıdır.

Rabaş "Sosyal Yazılar"

Her birimizin tek bir hedefi var: Aramızda Tanrısallığı ifşa etmek.

Rabaş "Sosyal Yazılar"

Şunu hatırlamalıyız ki, grup başkalarını sevme temeline dayanmaktadır ve bu Yaradan sevgisine ulaşmak için bir sıçrama tahtası olacaktır.

Rabaş "Sosyal Yazılar"

GRUP VASITASIYLA YARADAN'IN YÜCELİĞİNİ EDİNMEK

Öncelikle, dostlar aralarında Yaradan'ın yüceliğini konuşmalıdır.

Rabaş "Sosyal Yazılar"

Üzerinde çalışmamız gereken nokta şudur: Maneviyatın önemi.

Rabaş "Sosyal Yazılar"

Bilgelerimiz şöyle der, "Kendine bir hoca bul ve bir dost satın al." Bu şu demektir, kişi kendisi için bir çevre edinmelidir. Bu çevre, hocasının yüceliğini dost sevgisi vasıtasıyla edinmede ona yardım eder. Aralarında hocanın yüceliğini konuşarak, her biri onun yüceliği hissini edinir. Böylece, kişinin hocasına ihsanı, onu Işığa ve Sevaplara bağlanması için uygun isteğe getirir.

Bununla ilgili şöyle derler, "Işık, 48 erdemle, bilgelere hizmet ve dost seçimiyle elde edilir." Bu böyledir, çünkü hocaya hizmet etmenin yanında, kişinin dost seçimine ve onların etkisine ihtiyacı vardır ki böylece onlar kişiyi hocanın yüceliğini edinmesinde yardım etsinler. Hocanın yüceliğini edinmek tamamıyla çevreye bağlıdır ve kişi o olmadan bir şey yapamaz.

Baal HaSulam "Zohar'ın Bitişi için Konuşma"

Erdemliğin İncileri

Haz ve keyif almamızın üzerinde olan tek husus, edinmemiz gereken-hatta zorunlu olan- Yaradan'a ihsan etme eyleminin mutluluğudur. Dolayısıyla, üzerinde çalışmamız gereken şey, maneviyatın önemidir. Bu durum yöneldiğim, konuştuğum, emirlerini yerine getirdiğim ve yasalarını öğrendiğim, Işığın Kaynağına önem vermek ve büyüklüğünü takdir etmek olarak açıklanır.

Kişi, Üst Dünyalardan bir Işık almadan önce, kendi gibi düşünenleri, yani her çeşit yolla Yaradan'la bağa gelme öneminin özlemi içinde olan kişileri, aramalıdır. Birçok kişi buna destek verdiğinde, herkes dostundan yardım alır.

Rabaş "Sosyal Yazılar"

Kongre sırasında gruptaki herkes içindeki Yaradan önemine göre edindiği derecesi ölçüsünde O'nun yüceliğini edinir. Bu şekilde, krala hizmet ile ödüllendirilen kişilerin arasında olmakla büyük bir ayrıcalık kazanan her birinin arzusu, Yaradan'a ihsan etmeyi hisseder. Böylece kişi, mutluluk ve neşe dünyasında tüm gün yürüyebilir.

Rabaş "Sosyal Yazılar"

Kişi çevresinin çalışmayı hafife aldığını ve O'nun yüceliğini gerçek anlamda takdir etmediğini gördüğünde, çevresinin üstesinden gelemez. Bu şekilde O'nun yüceliğini edinemez ve onların yaptığı gibi çalışmayı hafife alır.

Kişinin, O'nun yüceliğini edinme temeli olmadığından, kendi için değil Yaradan'a ihsan etme mutluluğunun, çalışmasını yapamaz. Bu böyledir, çünkü kişinin çaba için isteği yoktur ve

Erdemliğin İncileri

"Eğer çalışıp, bulamazsan, inanma." Yaradan'a memnuniyet ihsan etmek, kendi için almakla eş değer olmadığından, kişinin tek seçimi kendi için çalışmak veya çalışmamaktır.

Şimdi ayetin şu söylediğini anlayabilirsiniz, "Halkın çoğunluğu, Kral'ın zaferidir," çünkü yücelik ölçüsü çevreden iki koşulda gelir:

1. Çevreye verilen önemin derecesi

2. Çevrenin büyüklüğü. Dolayısıyla şöyle denir, "Halkın çoğunluğu, Kral'ın zaferidir."

Baal HaSulam "Zohar'ın Bitişi için Konuşma"

DOSTLARIN BİRLİĞİ

Şunu bilmeliyiz ki, grubun içindeki her bireyde maneviyat kıvılcımları vardır. Maneviyatın tüm ışıklarını kardeş olarak sevgi ve dostlukla aynı yerde topladığınızda, kesinlikle en yüksek manevî dereceyi edinirsiniz.

Baal HaSulam "Bir Bilge'nin Söyledikleri"

Her bireyde dost sevgisinin ışığı vardır, fakat bu küçük kıvılcımlar sevginin ışığını ateşleyemezler, bu yüzden gruptaki herkes bir araya gelerek bu kıvılcımları büyük bir ateşe çevirmeye karar vermişlerdir.

Rabaş "Sosyal Yazılar"

Erdemliğin İncileri

Size, özellikle bu zamanda dost sevgisinin gücünü hatırlatmalıyım, çünkü var olmamız buna bağlıdır ve bu başarıya yaklaşmanın ölçüsüdür.

Öyleyse, tüm hayali bağlanmaları bir kenara bırakıp, kalbinizi bu niyetteki düşüncelere getirin ve kalplerinizi bir arada tutmak için doğru niyetle düzenleyin ve böylece "Dostunu kendin gibi sev" sözleri, içinizde gerçek olsun.

Baal HaSulam "Bir Bilge'nin Söyledikleri"

Elinizden geleni yapın çünkü kurtuluş, göz kırpması kadar yakın. Bugün sizin önünüzdeki en önemli şey dostların birliğidir. Tüm eksikliklerin yerini aldığından, bu konuda mümkün olduğunca çabalayın.

Baal HaSulam "Bir Bilge'nin Söyledikleri"

Size emrim şudur ki birbirinizi, kendinizi sever gibi sevmeye başlayın, dostlarınızın üzüntülerini paylaşın ve mümkün olduğunca onun mutluluğuna sevinin. Dilerim tüm bu sözlerimi dinlersiniz ve tam anlamıyla bunu uygularsınız.

Baal HaSulam "Bir Bilge'nin Söyledikleri"

Sizden şunu rica ediyorum: dostlar arasındaki sevgiyi artırmak için yeni yollar bulmak ve bedensel ihtiraslarınızı ki bu nefrete sebep olur, iptal etmek için büyük çaba harcayın. Yaradan'a memnuniyet ihsan etmede nefretin yeri yoktur. Aksine dostların arasında büyük sevgi ve merhamet vardır ve bu sözler çok açıktır.

Baal HaSulam "Bir Bilge'nin söyledikleri"

Erdemliğin İncileri

Gerçekten hepinizde birden hissediyorum ki, bugünü yarınla değiştiriyorsunuz ve "şimdi" yerine "sonra" diyorsunuz. Bunda bir şifa yoktur ancak yanlışı ve sapmayı anlamaya çalışırsak şifa gelir, çünkü sadece kurtarılmaya ihtiyacı olanlar, Yaradan tarafından kurtarılır. Yarını bekleyenler, Allah korusun yıllar sonra akılları başlarına gelir. Bu sizi, benim sizden istediğim dost sevgisi çabasındaki ihmale getirir. Her koşulda size açıkladığım gibi bu sizin tüm eksikliğinizi tamamlamak için en uygun çaredir.

Baal HaSulam "Bir Bilge'nin Mektupları"

Sizin için kurallar oluşturdum böylece ters yöne gitmeden durumu anlayabilirsiniz ve bu kurallardan en özgün olanı da dostlarla birliğe gelmektir. Size güvence veririm ki bu sevgi mümkündür. Size, ihtiyacınız olan her iyiliği hatırlatacağım ve eğer bu konuda kararlı iseniz, gelin ve manevî derecelerde adım adım yükselin.

Baal HaSulam "Bir Bilge'nin Mektupları"

"Tarlada dolaşırken, bir adam onu buldu, dikkatlice baktı ve ona sordu, 'Ne arıyorsun?' yani 'Sana nasıl yardım edebilirim?' O cevap verdi: 'Kardeşlerimi arıyorum.'" Kardeşlerimle beraber olmak demek dost sevgisi olan bir grup içinde olmak demektir, bu şekilde Yaradan'ın izinden gidebilirim.

Bu yola "ihsan etme yolu" denir ve bu yol bizim doğamıza terstir. Bu başarabilmek için herkesin birbirine yardım ettiği dost sevgisinden, başka bir yol yoktur.

Rabaş "Sosyal Yazılar"

Erdemliğin İncileri

Tecrübeliden daha bilge olanı yoktur. Dolayısıyla, size tavsiyem her ne kadar akıl buna karşı çıksa da aramızdaki sevgiyi bozma korkusu duyun. Bu sevgi için çabalayın ve buna ekleme yapmayanlar sevgiyi arttıracak bir eylem yapmazsa, bu düşüş olarak kabul edilir. Bu durum dostuna eşsiz bir hediye veren kişiye benzer; eylem sırasında kalbinde beliren sevgi, eylemden sonra kalpte kalan sevgiyle aynı değildir. Daha ziyade, gittikçe soğur ve sevginin bereketi tamamıyla kaybolana kadar azalır. Bu sebeple armağan alan kimse, her geçen gün sevgiyi yenilemek için bir yol bulmalıdır.

Baal HaSulam "Bir Bilge'nin Mektupları"

Dostların birlik içinde olmaları ne hoş ve ne iyidir. Ayrılmaz bir şekilde bir arada oturan dostlardır bunlar. İlk bakışta birbirini öldürmek isteyen savaştaki insanlar gibi görünürler ama daha sonra bunu ters çevirip, dost sevgisine gelirler. Yaradan onlar için ne der? "Dostların birlik içinde olmaları ne hoştur." "birlikte" kelimesi aralarındaki Kutsallığı ifade eder. Bu şekilde Yaradan onların sözlerini dinler ve onlardan hoşnut olur. Burada olan sizler, sevgi koşulunda olduğunuzdan, bundan böyle birbirinizden ayrılmaz olun ta ki, Yaradan sizden hoşnut olsun ve size barış getirsin ve sizin erdemliğinizle dünyada barış olsun. "Dostlarımın ve kardeşlerimin yararı için 'Barış sizinle olsun' diyeceğim."

Zohar Kitabı

Kişi dostunun sevgisini hissetmeye başladığında, mutluluk ve neşe içinde uyanmaya başlar, çünkü kural şudur ki yenilik kişiyi mutlu eder. Dostunun sevgisi onun için yenidir, çünkü her zaman şunu bilir ki onun iyiliğini isteyen kişi sadece dostudur. Dostunun onunla ilgilendiğini keşfettiği anda içinde, ölçülemez bir neşe belirir ve kişi sadece haz hissettiği yerde bulunmak istediğinden, kendisiyle ilgilenmeyi bırakır. Dostuyla ilgilenmekten haz almaya başladığında, doğal olarak kendini düşünmez.

Rabaş "Sosyal Yazılar"

Dostuna verdiği her hediye, taşta delik açan kurşun gibidir. İlk kurşun taşı sadece çizdiği halde, ikinci bir kurşun aynı yere geldiğinde bir yarık ve üçüncüsü de bir çukur açar.

Kurşunları tekrar tekrar atmasıyla, çukur dostunun taştan kalbinde tüm hediyelerin bir araya geldiği, bir delik açar. Her bir hediye sevgi kıvılcımı olur ta ki sevgi kıvılcımları taştan kalbin çukurunu doldurup, bir alev oluştursun.

Bir kıvılcımla, alevin farkı şudur ki, nerede sevgi varsa, orada ifşa vardır, yani içinde sevgi ateşi yanan tüm insanlar için bir açığa vurma vardır. Bu şekilde sevginin ateşi, kişinin yolda karşılaştığı tüm zorlukları yok eder.

Rabaş "Sosyal Yazılar"

Bunu arzuladığımda, sevgi kıvılcımları içimde parlamaya başlar. Kalbim dostlarla bir olmaya özlem duyar ve bana öyle görünür ki gözlerim onları görür, kulaklarım onları duyar, ağzım onlarla konuşur, ellerimiz kavuşur, ayaklarımız daireler çizerek dans eder, birlikte sevgi ve neşeyle, bedensel sınırlamalarımın ötesine geçerim. Dostlarımla aramdaki büyük uzaklığı unuturum ve aramızda uzaklık olmaz.

Ben sanki dostlarım kalbimde oturup olan biteni görüyormuşçasına, onlara karşı gelen eylemlerimden utanırım. Tüm maddesel kaplarımdan çıkarım ve dünyada ben ve dostlarımdan başka bir realite yokmuş gibi görürüm. Bundan sonra "Ben" iptal olup kaybolmuş olsa bile, ayağa kalkıp dostlarımdan başka bir realite olmadığını ilân edene kadar, onlarla kaynaşmalıyım.

Rabaş "Sosyal Yazılar"

Kişi bilmelidir ki, sevgi eylemlerle satın alınır. Kişi, dostuna hediyeler vererek onu satın alır ki verdiği her bir hediye ok ve kurşun gibidir, dostunun kalbinde bir çukur açar. Dostunun kalbi kaya gibi olmasına rağmen, her bir kurşun bir delik açar. Birçok delik bir araya geldiğinde bir çukur olur, böylece hediye verenin sevgisi, içeriye girer.

Sevginin sıcaklığı onu dostuna yaklaştırır ve bu sevgi ikisini de sarar. Bu şu demektir, bir sevgi ikisini de sarar ve doğal olarak bir insan haline gelirler çünkü ikisini kaplayan kılıf, tek bir örtüdür. Böylece her ikisi de iptal olur.

Rabaş "Sosyal Yazılar"

BAĞLANMANIN GÜCÜ

Dostlar bir bağ içinde olduğunda, çalışma amaçları için güç alırlar ve Lişma'yı (Allah rızası için) edinirler.

Rabaş "Sosyal Yazılar"

Eğer kişinin maneviyat için bir arzusu ve özlemi yoksa ama bunu arzulayan insanlar arasında ise ve bu insanları severse, kendi niteliklerine göre bu isteği, özlemi ve tüm bunların üstesinden gelme gücü olmasa bile, işte o zaman kendisi de onların başarma gücünü, arzusunu ve niyetini edinir. Bu insanlara verdiği önem ve değere göre, yeni güçler edinir.

Baal HaSulam "Duydum 99"

Dostlara tutunmanın özel bir gücü vardır. Aralarındaki bağ yoluyla düşünceler ve görüşler, birinden diğerine geçtiğinden her biri diğerinin gücüyle harmanlaşır ve bu şekilde gruptaki her birey tüm grubun gücünü edinir. Bu sebeple, her insan bireysel olmasına rağmen tüm grubun gücünü edinir.

Rabaş "Sosyal Yazılar"

"Dostunu sev" kuralındaki önemi arttırabilmesi için kişiye verilecek tavsiye, dostlarını sevmesidir. Eğer kişi dostları önünde kendini iptal edip, onlarla kaynaşırsa, bir bütün haline gelir ki bu dostunu sevmeyi arzulayan küçük parçaların, birçok parçadan oluşan kolektif bir güç oluşturmasıdır. Ve bu gücü edindiğinde, başkalarını sevmeye gelir. Daha sonra da Yaradan sevgisini edinir.

Rabaş "Sosyal Yazılar"

"Halkın çoğunluğunda Kral'ın ihtişamı" sözüne göre şu sonuç çıkar ki kolektifin sayısı, kolektifin gücünden daha önemlidir. Diğer bir deyişle, bu şekilde Yaradan'ın önemi ve büyüklüğüyle ilgili olarak güçlü bir atmosfer oluşturulur. Bu durumdayken kişinin arzusu, maneviyatı edinmek için yapması gereken her şeyi hisseder, yani Yaradan'a ihsan etmek ister ve büyük bir şansla krala hizmet etmekle ödüllendirilen insanların arasında olmakla bu ayrıcalığı kazanmış olur. Bu şekilde yaptığı her şey, Yaradan'a hizmet edebildiği için ona neşe ve haz getirir.

Rabaş "Sosyal Yazılar"

Her birey içten gelen manevî bir arzuya sahiptir. Diğer bir deyişle, yalnızken, etrafında onu etkileyecek kimse olmadığında veya başkasından bazı arzular almış olsa bile, bir bilinçlenmeye gelir ve Yaradan'ın hizmetkârı olmak için özlem duyar. Fakat kendi arzusu muhtemelen manevî amacı edinmek için çalışmasında yeteri kadar büyük değildir. Dolayısıyla, kendi görüşlerini ve niyetlerini izlemeye onu mecbur eden diğer insanlar vasıtasıyla –maddesellikte olduğu gibi- bu arzuyu arttıracak bir yol bulur.

Bu, kendisi gibi maneviyat ihtiyacında olan insanlarla, bağ kurarak mümkün olur. Diğer insanların arzusu onda bir arzu meydana getirir ve bu şekilde maneviyat arzusu edinir. Diğer bir deyişle, içinden gelen bu arzuya ilâve olarak, maneviyat için onların oluşturduğu arzuyu da alır ve bu şekilde, amaca ulaşmak için büyük bir arzu edinmiş olur.

Rabaş "Sosyal Yazılar"

GRUPTAKİ MANEVÎ ÇALIŞMANIN PRENSPLERİ

Başkalarını sevme temeline dayanan dost sevgisi ile ki bu şekilde Yaradan sevgisine de erişilir, dost sevgisi olarak tahmin ettiğimizin tam tersidir. Diğer bir deyişle, başkalarını sevmek demek dostlarım beni sevecek demek değildir. Daha ziyade, asıl 'Ben' dostlarımı sevmek zorundayım demektir.

Rabaş "Sosyal Yazılar"

Erdemliğin İncileri

    Her birey, topluma yaşam canlılığı ve umut getirip, ona enerji aşılamalıdır. Dolayısıyla her bir dost kendine şöyle demelidir, "Şimdi temiz bir sayfa açıyorum." Diğer bir deyişle, gruba gelmeden önce manevî çalışmasında yaşadığı hayal kırıklığı, şimdi grubun umudu ve canlılığı ile dolar.

    Öyleyse kişi, grup vasıtasıyla güven ve üstesinden gelme gücü edinir, çünkü şimdi bütünlüğe erişeceğini hisseder. Tüm düşünceleri, - karşı karşıya kaldığı fethedilemez olan yüksek dağlar ki bunlar gerçekten zorlu engellerdir- hisseder ki artık bunlar engel değildir. Ve tüm bunları grubun gücünden alır, çünkü her bir birey gruba yeni bir atmosfer ve istek aşılar.

Rabaş "Sosyal Yazılar"

    Her bir öğrenci, dostunun erdemliğini övmelidir ve ona neslinin en büyüğü gibi davranmalıdır. Bu şekilde çevresi kişiyi etkiler, çünkü nitelik nicelikten daha önemlidir.

Rabaş "Sosyal Yazılar"

    Her bir öğrenci, dostları arasında en küçük olduğunu hissetmelidir ve bu şekilde diğerlerinden, büyüklüğün takdirini alır. Bu böyledir, çünkü büyük olan küçük olandan alamaz ve onun sözlerinden etkilenmez. Sadece küçük olan büyük olanının övgüsünden etkilenir.

Rabaş "Sosyal Yazılar"

Erdemliğin İncileri

Grup içinde ciddiyetsizliğe izin vermemek için dikkatli olunmalıdır, çünkü ciddiyetsizlik her şeyi bozar.

Rabaş "Sosyal Yazılar"

Kişi, dostunun düşüşünü gördüğünde ona yardım etmelidir. Şöyle yazar, "Kişi, kendini hapislikten kurtaramaz." Daha ziyade, ona canlılık verecek olan dostudur. Bu şu demektir, dostu onu bulunduğu seviyeden, yaşam seviyesine yükseltir. Böylece kişi yaşamında bir kez daha güven ve bolluk edinir ve sanki amacı çok yakınmış gibi hisseder.

Rabaş "Sosyal Yazılar"

Aralarında fikir birliğine varıp, bir grup oluşturanlar anlarlar ki hissiyatlarında aralarında bir uzaklık yoktur ve bu şekilde dostunu sevme çalışmasının gerekliğini anlarlar. Dolayısıyla, her biri diğeri yararına ödün verebilir ve hepsi bunun etrafında birleşirler.

Rabaş "Sosyal Yazılar"

Birbirlerine uyum sağlamak için her birey, diğerlerinin önünde kendini iptal etmelidir. Her biri dostunun hatalarını değil, erdemliğini görerek, bunu yapar. Eğer kişi, dostlarından daha büyük olduğunu düşünürse, onlarla birlik olamaz.

Rabaş "Sosyal Yazılar"

Erdemliğin İncileri

Kişinin dostlarını erdemlik ölçüsüyle yargılaması, büyük bir çabadır ve herkes buna hazır değildir.

Bazen durum daha kötü olur. Kişi dostunun ona saygı göstermediğini görür. Daha da kötüsü dostuyla ilgili iftiralar duyar yani dostunun onunla ilgili olarak iyi şeyler söylemediğini duyar. Şimdi kişi, kendini dostu önünde eğmeli ve onu erdemlikle değerlendirmelidir. Bu gerçekten büyük çaba gerektirir.

Dolayısıyla, kişi çaba gösterip, onu erdemlikle değerlendirirse, bu Segula'dır,(şifa/güç/erdemlik) ki kişinin çabasıyla "aşağıdan uyanış" denen yukarıdan ona verilen güçle, istisnasız tüm dostlarını sevebilir.

Buna "Kendine bir dost satın al,"denir, yani kişi diğerlerinin sevgisini edinmek için çaba sarf etmelidir.

Rabaş "Sosyal Yazılar"

Her bir birey dikkatli olmalı ve dostunun canlılığının arttırmak için nasıl yardım edeceğini düşünmelidir, çünkü her bir kişi, dostunun ruh haline göre onu besleyecek bir kaynak olabilir.

Rabaş "Sosyal Yazılar"

Dostunu aldatan kişi, gerçekten Yaradan'ı aldatır, çünkü kişinin arzusundan başka bir tek Yaradan vardır. Bu böyledir, çünkü "yaratılan" denen yaratılışın özü, yalnız kendisiyle ilişkilidir. Yaradan insanın, O'dan ayrı bir realitede olduğunu hissetmesini ister; fakat bunun haricinde "tüm yeryüzü O'nun ihtişamı ile doludur."

Öyleyse, dostuna yalan söyleyen, Yaradan'a yalan söylüyordur ve aynı şekilde dostunu üzen, Yaradan'ı da üzüyordur.

Baal HaSulam "Duydum 67"

BİREYİN KISKANÇLIĞI MANEVİYATINI ARTTIRIR

Her insan anne ve babasından ona miras kalan nitelikler taşır, daha sonra içinde yaşadığı çevrenin niteliklerini de edinir. Bu nitelikleri içinde yaşadığı çevreye bağlanarak ve kendinden daha iyi niteliklere sahip olduklarını gördüğü dostlarına duyduğu özenme yoluyla edinir. Bu onu kendi sahip olmadığı için kıskançlık duyduğu, iyi nitelikler kazanması için motive eder.

Dolayısıyla, grup vasıtasıyla yeni nitelikler edinir, öyle ki onların daha yüksek derecede olduğunu görerek bu nitelikleri benimser ve onlara özenir. İşte bu sebeple bir grup içinde olmadığı zamankinden daha yüksek bir derece edinir, çünkü grup vasıtasıyla yeni güçler edinir.

Rabaş "Sosyal Yazılar"

Bilgelerimiz şöyle der, "Karşı olanın kıskançlığı, maneviyatı yükseltir." Diğer bir deyişle tüm dostlar, grubun düşüncede ve eylemde yüksek derecede olduğunu gördüklerinde, doğal olarak her biri kendi arzusundaki nitelikleri daha yüksek bir seviyeye çıkarır. Dolayısıyla, şimdi grubun ona verdiği yeni niteliklere sahip olur.

Rabaş "Sosyal Yazılar"

Erdemliğin İncileri

Dostlarının kendisinden daha yüksek derecede olduklarını görürse, dostlarına kıyasla daha aşağıda olduğunun sebebini anlar çünkü tüm dostları seminerlere tam vaktinde gelmektedir ve ellerinden geldiğince birbirlerine yardım ederek dostlar arasında olup bitenlere ilgi göstermektedir ve çalışmayla ilgili olarak hocalardan aldıkları her tavsiyeyi derhâl uygulamaktadırlar. Bu kesinlikle kişiyi etkiler ve tembelliğinin üstesinden gelmede hem şafaktan önce uyanması için, hem de uyandıktan sonra ihtiyacı olan gücü ona verir. Ders sırasında da arzusu dersle daha ilgili olur çünkü öbür türlü geri kalacaktır.

Rabaş "Sosyal Yazılar"

Kişi dostunun kendinden daha yüksek derecede olduğunu gördüğünde, bu onun her şekilde yükselmesine sebep olur.

Rabaş "Sosyal Yazılar"

DOSTLARIN BİR ARAYA GELMESİNDE DOĞRU YAKLAŞIM

Şunu bilmeliyiz ki "İki en küçük, çoğunluktur." Bu şu demektir, eğer iki dost beraber oturur ve Yaradan'ın önemini nasıl arttıracaklarını düşünürlerse, Yaradan'ın büyüklüğünü edinme gücünü, aşağıdan uyanış formunda edinirler. Bu eylemi yukardan uyanış takip eder ve Yaradan'ın yüceliğinin hissini edinmeye başlarlar.

Rabaş "Sosyal Yazılar"

Bir araya geldiklerinde, nelerden konuşmalılar? Öncelikle amaç herkesçe net olmalıdır. Bu birlik, dostunu sev sonucunu sağlamalıdır ki her bir kişi "dostunu sev" dediğimiz diğer kişiyi sevmeye karşı uyanmalıdır. Öyleyse, tek sonuç budur. Bu sevgi dolu beraberliği yaratmak için, yapılan eylemler sevgi dolu olmalıdır.

Rabaş "Sosyal Yazılar"

Bir araya geldiklerinde, her biri, kendini sevmeyi iptal etme amacına gelmeyi düşünmelidir. Bu şu demektir, kişi alma arzusunu nasıl doyuracağını dikkate almamalı aksine mümkün olduğunca başkalarını sevmeyi düşünmelidir. Arzuyu oluşturmanın ve "ihsan etme" dediğimiz yeni bir niteliği edinmenin, tek yolu budur.

Başkalarını sevme ile kişi Yaradan sevgisine erişir, yani Yaradan'a memnuniyet vermek ister. Dostunu sevme eylemi ile ihsan etmenin önemini ve gerekliliğini, bu şekilde anlar.

Rabaş "Sosyal Yazılar"

Toplantının başlangıcında yani konuşmaların başlangıcı, grubu övmekle ilgili konuşma olmalıdır. Her bir kişi amaçlarının önemi için sebep ve açıklama getirmelidir. Sadece grubu öven konuşmalar yapmalıdırlar.

Sonuç olarak, grubun önemi, tüm dostlar tarafından ifşa edilmelidir. Şöyle söylemeliler, "Biz şimdi, dostların bir arada olması aşamasındayız ve bundan sonra ikinci aşama başlıyor." Daha sonra her biri aklını yapacağı eylemlere odaklar ki böylece her bir kişi dostunu sevme talebinde bulunsun. Diğer bir deyişle, her bir kişi kalbinde gruptaki dostları için, sevgi talep etmelidir.

Erdemliğin İncileri

İkinci aşama tamamlandığında –grubun iyiliği için yapılması gerekenler- üçüncü aşama başlar. Bu, ne yapılması ile ilgili olarak dostların düşüncelerini uygulamaktır.

Rabaş "Sosyal Yazılar"

Gerçeğin Algılanması

HERŞEY ÖNCEDEN PLÂNLANDIĞI GİBİDİR

Biz hiçbir şeyi değiştiremeyiz. Tek yapmamız gereken içimizde saklı olanı açığa çıkarmaktır.

Kabalist Menahem Mendel

Tıpkı Yaradan'ın oğlu olduğunu bilme ödülü verilen kişide olduğu gibi, daha önce sahip olmadığı farkındalık haricinde, kişinin mevcut realitesinde hiçbir değişiklik yapılmaz.

Baal HaSulam "Son Neslin Yazıları"

Cevap, gerçek yaşamın varlığının derinliğinde yatar. Günahtan önce, onun tövbesi vardır. Öyleyse, dünyada tövbeden daha kaçınılmaz bir şey yoktur. En sonunda, tüm günahlar ıslah olacaktır.

Kabalist Raiah Kook "Tövbenin Işıkları"

Tüm evrenin sahibi 'O' olduğundan, Yaradan'la bağ kurmaktan daha doğal bir şey yoktur, kişi bilmese de hissetmese de her bir yaratılan O'nla bağ içindedir, şöyle yazdığı gibi, "Tüm dünya O'nun ihtişamı ile doludur."

Şu bir gerçektir ki, 'O'nla bağ kuran farkında olma hali edinir, sanki cebinde bir servet varmışta bundan haberi yokmuş gibi. Sonra cebinde ne olduğunu bilmesine izin verilir ve böylece

Erdemliğin İncileri

gerçekten zengin olur. Öyleyse burada yeni olan hiçbir şey yoktur ve hiçbir şey eklenmemiştir.

Baal HaSulam "Çözüm"

Yaradan, gerçekten herkesin kalbindedir ve O'nun açısından bu böyledir. Öyleyse, kişi neyin eksikliğini hisseder? Sadece bilmenin. Algı değiştiğinde, bilgi tamamlanır.

Baal HaSulam Mektup 32

Her şey zamandan önce tasarlanmıştır ve her bir ruh zaten Işığın içinde, erdemlikte ve sonsuzluktadır. Utanç yüzünden ruh bedenle kılıflanınca kısıtlanır ve kısıtlamadan sonra bütün çabasıyla gerçekleştirdiği zorlu yolculuğun ödülü olarak, köküne geri döner. Bunun ödülü, gerçek bütünlüğe gelmektir. Bu şu demektir, utançtan kurtulur, çünkü alma kabı ihsan etme kabı olmuştur ve Yaradan'la eşitliğe gelmiştir.

Baal HaSulam Mektup 25

Amacı öğrencisine kendi gibi olma gücünü vermek ve öğretmek olan bir öğretmen gibi, benzer şekilde Yaradan da, yarattıkları kendisi gibi olduğunda ve yenilendiklerinde, memnuniyet hisseder. Gerçekte bizim tüm yenilenme ve gelişme çabamız gerçek bir değişim değildir. Daha ziyade, bir çeşit benzer olma çalışmasıdır ve gelişimimiz doğanın işleyişine uyum sağlamamızla ölçülür.

Baal HaSulam "Yeniden Doğuşun Anlamı ve Doğum"

Durum şudur ki ruhların yaratılış düşüncesiyle O'nun düşüncesi her şeyi noksansız doldurur, çünkü O'nun bizim gibi eyleme ihtiyacı yoktur. Ruhlardaki alma arzusu tamamıyla ıslah olduktan, saf ihsan etmeye dönüştükten ve Yaradan'la tam eşitliğe geldikten sonra, ıslahın sonunda ruhların gelmesi gereken son mükemmellikte, yaratılan tüm ruhlar ve dünyalar Yaradan'ın onlar için plânladığı tüm haz, mutluluk ve iyilikle dolu olarak yücelir.

Bu böyledir, çünkü O'nun sonsuzluğunda geçmiş, bugün ve gelecek birdir. Gelecek şimdidedir ve O'nda zaman yoktur. Dolayısıyla, sonsuzluk derecesinde bozuk bir alma arzusu söz konusu değildir.

Tersi olarak, ıslahın sonunda ifşa olması gereken eşitlik formu, biranda sonsuzda belirir. Bununla ilgili olarak bilgelerimiz şöyle der: "Dünya yaratılmadan önce, O Bir'dir ve Adı Bir'dir," çünkü Yaratılış Düşüncesinde 'O'dan ayrılmış bir alma arzusu formu, ruhların realitesinde yoktur. Daha ziyade, ruhlar Yaradan'a, "'O' Bir'dir ve Adı Bir'dir," yoluyla eşitlik formunda tutunurlar.

Baal HaSulam "Zohar Kitabı'na Giriş"

TÜM REALİTE İNSANIN İÇİNDEDİR

Zohar'da şöyle yazar, "Gel ve gör, dünyadaki tüm var olanlar, insan için vardır ve her şey onun içindir, şöyle yazdığı gibi 'Ve Tanrı, her şeyin bütünü o olduğundan, her şeyi kapsadığından ve Yukarıda ve aşağıda olan onda da olduğundan dolayı, insanı tam bir adla yarattı'." Bu şekilde şunu açıklar ki Yukarıda ve aşağıda olan tüm dünyalar, insanın içindedir. Bu dünyalardaki tüm realite sadece insan içindir.

Baal HaSulam "Kabala İlmine Giriş"

Erdemliğin İncileri

Örnek olarak, görme duyumuzu ele alalım: Önümüzde harikalarla dolu bir dünya görürüz. Fakat gerçekte sadece kendi içselliğimize göre görürüz. Diğer bir deyişle, beynimizin arkasında, dışımızda var olmayan fakat her şeyi bize göründüğü şekliyle resimleyen, bir tür fotoğraf makinesi vardır.

Baal HaSulam "Zohar Kitabına Giriş"

'O' bizim için, beynimizde görünen her şeyi yansıtan bir tür ayna oluşturmuştur ki böylelikle biz, beynimizin dışında olarak gözümüzün önünde her şeyi görürüz. Dahası dışımızda gördüğümüz şeyler, gerçek değildir. Her şeye rağmen beynimizde bu parlak aynayı yarattığı ve dışımızda olanı görüp, algılamamızı sağladığı için, Yaradan'a şükran duymalıyız. Çünkü bununla 'O' bize, her şeyi net bir bilgiyle algılama, idrak etme ve her şeyi dışarıdan ve içeriden ölçme gücü vermiştir.

Baal HaSulam "Zohar Kitabı'na Giriş"

Her şey önümüzde gerçekleşiyor gibi görsek de, her aklı başında insan bilir ki, her şeyi sadece beynimizin içinde görürüz. Ruhlar için de bu böyledir: Maneviyattaki tüm görüntüleri gördükleri halde, hiç şüpheleri yoktur ki tüm bunlar Maneviyatta değil, sadece onların içindedir.

Baal HaSulam "Zohar Kitabı'na Giriş"

GERÇEĞİ NE ALGILAR NEDE EDİNİRİZ

Beş duyu organımız bunun için yeterli olmadığından, herhangi bir maddenin özünü algılayamayız ve edinemeyiz. Görme, duyma, koku, tat ve dokunma duyumuz, aklımıza özün "görünen" soyut formunu gönderir.

Baal HaSulam "On Sefira Çalışması"

Maddesel halinin dışında insanın özüyle ilgili olarak herhangi bir algımız yok. Bu böyledir, çünkü beş duyumuz ve hayal gücümüz bize özün kendisini değil, sadece eylemlerini gösterir.

Örneğin, görme duyusu bize sadece görünen özün, ışığın zıttı olarak oluşan gölgelerini gösterir.

Benzer şekilde, duyma duyusu da havadaki özün vuruş gücünden başka bir şey değildir. Ses kulak zarına çarparak geri döner ve bizde yakın olma durumumuza göre duyarız.

Koku alma duyusu da özden yayılan havadan başka bir şey değildir ve bu bizim koku sinirlerimize çarpar ve kokuyu duyarız. Aynı şekilde tat alma da, özün tat sinirlerine dokunmasının sonucudur.

Dolayısıyla, tüm bu dört duyu bize özün kendisini değil, ondan çıkan fiilin bildirimini sunar.

Bütün duyuların en kuvvetlisi olarak sıcağı soğuktan, serti yumuşaktan ayıran dokunma duyusu bile, özün içindeki fiilin bildirimi ve özün görünen kısmıdır. Bu böyledir, çünkü sıcak soğutulabilir; soğuk ısıtılabilir; katı kimyasal işlemlerle sıvıya ve sıvı da havaya yani gaza dönüşebilir ki bu şekilde duyularımızdaki ayırt etme yetisi, geçerliliğini yitirir. Oysa öz, siz onu bir kez daha gazdan sıvıya, sıvıdan katıya değiştirseniz bile hala aynıdır.

Erdemliğin İncileri

Gerçek şudur ki, beş duyu organı bize özü tam olarak veremez, sadece özün görünen ve fiili bildirimlerini bize gösterir. Açıkçası, hissetmediğimiz ve hayal edemediğimiz şeyler düşüncelerimizde var olamaz ve biz hiçbir şekilde bunu algılayamayız.

Baal HaSulam "Zohar Kitabına Giriş"

Düşüncenin, özde yeri yoktur. Daha ziyade, kendi özümüzü bile bilmeyiz. Şunu bilir ve hissederim ki dünyada bir yer kaplıyorum, katıyım, sıcağım, düşünüyorum ve özümün diğer fiili eylemlerine sahibim. Fakat gerçek özümle ilgili olarak bana soru sorarsanız, size ne cevap vereceğimi bilemem.

Öyleyse şunu görebiliriz ki, İlâhî Düzen bizi, herhangi bir şeyin özünü idrak etmekten alıkoyuyor. Biz sadece özden çıkan hayali eylemleri ve bildirimleri ediniyoruz.

Baal HaSulam "Zohar Kitabına Giriş"

Herhangi bir Yaradan algısına sahip olmadığımızdan, ellerimizle hissettiğimiz maddî nesnelerde bile, O'nun yarattıklarının özünü edinmek imkânsızdır.

Öyleyse, bu dünyadaki dostlarımız ve akrabalarımız hakkında bildiğimiz her şey, "eylemlerine aşina olduklarımızdan" başka bir şey değildir. Onlar, duyularımıza temas ettikleri için doğarlar ve ortaya çıkarlar ve bu şekilde o kişinin özüyle ilgili herhangi bir algımız olmamasına rağmen, tam bir memnuniyet durumu yaşarız.

Bundan başka, kendi özümüzle ilgili olarak da herhangi bir edinimimiz ve algımız yoktur. Özümüzle ilgili olarak bildiğimiz her şey, özümüzden yayılan bir seri eylemden başka bir şey değildir.

Baal HaSulam "Kabala İlminin Özü"

TÜM DEĞİŞİKLİK, IŞIKTA DEĞİL ARZUNUN İÇİNDEDİR

Hiçbir realiteyi olduğu gibi edinemeyiz. Daha ziyade her şeyi hislerimiz vasıtasıyla ediniriz. Aslında realitenin kendisi bize ilginç gelmez. Dolayısıyla Işığın kendisini değil, sadece hislerimizi ediniriz. Öyleyse tüm edindiğimiz izlenimler sadece hislerimizi takip eder.

Baal HaSulam "Duydum 66"

Öyleyse tüm ilmi kendi içselliklerine göre yayan Kabala bilgelerinin, farklı Işık seviyelerinde olmalarını sorgulamamalıyız. Bu böyledir, çünkü yapılan bu gözlemler, Işığın kendisini anlatmaz daha ziyade Işıkla temas eden kabın verdiği hissiyattır.

Baal HaSulam "Kabala İlmi ve Felsefe"

"Işıkta hiç bir değişiklik yoktur." Daha ziyade tüm değişiklikler kapta olur, yani bizim hislerimizde. Her şeyi hislerimize göre değerlendiririz. Bundan şu sonuç çıkar, eğer birçok kişi aynı manevî şeyi deneyimlerse her biri kendi hissine ve hayal gücüne göre onu edinir ve bu sebeple her biri farklı bir form görür.

Erdemliğin İncileri

Buna ilâve olarak, formun kendisi de kişinin inişlerine ve çıkışlarına göre değişecektir, yukarıda da söylediğimiz gibi, Işık saf bir Işıktır ve tüm değişiklikler sadece alıcılarda meydana gelir.

Baal HaSulam "Duydum 3"

Gizlilikten açığa çıkan maneviyat, öncelikle kabın ve onun gücünden büyür. Üst Işığa bağlı değildir çünkü kural şudur ki en başlangıçtan, Asiya dünyasının dibine kadar Işıkta bir değişiklik olmaz. Tıpkı başlangıçta olduğu gibi Asiya dünyasının dibinde de ne zayıflar ne de değişir. Aynı zamanda bilinir ki Üst Işık bir an bile alt dünyalara ihsan etmekten vazgeçmez. Dolayısıyla gizlilik, ifşa ve her türlü değişiklik meselesi sadece kabın gücüyle ilgilidir.

Baal HaSulam "Parlak Işık"

Manevî edinimin artması edinene bağlıdır. Dolayısıyla ortaya çıkan ilk edinim, yaratılanların kökü olan Eyn Sof'tur ve bu değişmez. Tüm kısıtlamalar ve değişimler edinene göredir ve Yaradan ilk edinimde bile sonsuza kadar parlar, çünkü "O'nun arzusu yarattıklarına iyilik vermektir.

Baal HaSulam "Duydum 3"

Eğer şunu söylemek isterseniz, "Sefirot'lar ve onların dereceleri nedir?" Şöyle cevap veririz; bu edinilemez, çünkü tüm edinimimiz sadece, O'nun yarattıklarına iyilik arzusudur. Öyleyse, bizler sadece insanı ilgilendiren kısmı ediniriz, yani Sefira'nın kendisi değil, Sefira ile yaratılanlara ifşa olan, Üst Işıktan gelen izlenimi ediniriz.

Erdemliğin İncileri

Sefirot'ların çokluğu, aşağıda olanların niteliğine bağlıdır. Her biri kendi çabasına göre edindiği niteliğine göre donatılır. Diğer yandan, maneviyatta hiçbir değişim olmadığından her şey eşittir. Bu sebeple Sefirot'ların kendisi ile ilgili olarak şunu söyleyebiliriz ki, onlar düşünceyle algılanamaz.

Rabaş Mektup 19

Bizler sadece yayılan Işık tarafından etkilenen duyularımıza göre konuşabiliriz ki bu da "O'nun yaratıklarına iyilik yapma arzusu" dur ve bu edinenlere verilir.

Benzer şekilde, bir masayı incelediğimizde dokunma duyularımız sert bir şeyi hisseder. Aynı zamanda uzunluğunu ve genişliğini de duyularımıza göre söyleyebiliriz. Oysa başka duyuları olan birisi masayı değişik şekilde algılayabilir. Örneğin, bir melek masayı incelediğinde, kendi duyularına göre onu görecektir. Dolayısıyla, bizler meleğin duyularına sahip olmadığımızdan, meleğin masayı nasıl gördüğünü bilemeyiz.

Baal HaSulam "Duydum 3"

Tüm bu görüntüler ve değişimler sadece ruhların edindiği izlenimle başlar ve biter.

Baal HaSulam "Zohar Kitabına Giriş"

Atzilut dünyasının kendisinde bir değişim yoktur, aşağıda olanlar ya onun yüceliğini bereketiyle beraber edinir ya da edinmez. Sözü edilen bu yücelik aşağıda olanlara doğru uzanır.

Baal HaSulam "Zohar Kitabına Giriş"

Malkut Işığı insanlar üzerine düşüp yayıldığında, her birinin görünüşüne, tasavvuruna ve öngörüsüne göre onlara görünür, yani Işık Sefira Malkut'un kendisinde değil, edinende görünür.

Baal HaSulam "Zohar Kitabına Giriş"

DÜŞÜNCE ARZUNUN SONUCUDUR

Arzunun kaynağı akıl değildir ama aklın kaynağı arzudur.

Baal HaSulam "Dünyada Barış"

Düşünce arzuya hizmet eder ve arzu kişinin nefsidir.

Baal HaSulam "Duydum 153"

Akıl, arzunun esiridir ve ona hizmet eder.

BaalHaSulam "Zohar Kitabına Giriş"

Erdemliğin İncileri

Düşünce, arzunun sonucudur. Kişi arzu ettiği şeyi düşünür, arzu etmediğini düşünmez. Örneğin kişi öleceği günü düşünmek istemez. Tam tersine istediği bu olduğundan, ölümsüz olduğunu düşünür. Dolayısıyla, kişi her zaman kendi arzusu olan şeyi düşünür.

Oysaki düşüncenin özel bir görevi vardır: arzuyu güçlendirmek. Arzu olduğu yerde durur; eylemi gerçekleştirme ve yayma gücü yoktur. Kişi bir konuyla ilgili düşündüğünde ve arzu, düşünceden gerçekleştirmek istediği şey için, tavsiye vermesini istediğinde, arzu büyür, yayılır ve eylemi gerçekleştirir. Bu şekilde düşünce arzuya hizmet etmiş olur ve arzu kişinin "nefsi" olur. Bir büyük nefis, bir de küçük nefis vardır. Büyük olan küçüğe hükmeder.

Küçük nefsi olan ve herhangi bir baskınlığı olmayan için, nefsini büyütmesi arzunun düşünceye ısrar etmesi yoluyla olur çünkü kişi düşündükçe arzu büyür ve genişler.

Böylece, "O'nun için, gece ve gündüz meditasyon yaptı," denir yani ısrar ederek arzusu, büyük nefis haline geldi ve gerçek yöneten oldu.

Baal HaSulam "Duydum 153"

Ruhun gerçek özü alma arzusudur. Bir nesneyle diğeri arasındaki fark sadece niyettedir.

Baal HaSulam "Zohar Kitabına Giriş"

Erdemliğin İncileri

ZAMAN VE HAREKET

Maneviyat zamandan ve yerden bağımsızdır ve orada ölüm yoktur.

Baal HaSulam "Bedenimin içinde Tanrı'yı hissedebilir miyim?"

Gerçekte, Zohar dünyasal olaylardan değil, bu dünyadaki zaman kavramının olmadığı, Üst dünyalardan bahseder. Manevî zaman, formların değişimi, zamanın ve yerin ötesindeki dereceler vasıtasıyla izah edilebilir.

Zohar Kitabı

Gerçekten şunu bilmelisiniz ki manevî hareket, bir yerden bir yere olan elle tutulur bir hareket değildir. Daha ziyade, formun yenilenmesi ile ilgilidir, çünkü biz formun her yenilenmesini "hareket" olarak adlandırırız.

Baal HaSulam "On Sefirot Çalışması"

Zamanın manevî tanımı: Şunu anlamalıyız ki, bizim için manevî zamanın tanımı sadece hareket hissidir. Hayal gücümüz belirli sayıdaki hareketi algılar ve resmeder, daha sonra bu hareketi teker teker ayırarak, belli sayıda "zaman"a çevirir. Dolayısıyla, eğer kişi çevresiyle tam uyum içinde olma durumunda ise, zaman kavramının farkında olmayacaktır.

Baal HaSulam "On Sefirot Çalışması"

Şimdi ve gelecek, varoluşun içine yerleştirilmiştir. Şimdi olan, olacak olandır ve geçmişte yapılmış olan, yapılacak olandır. Yapılmış olan ve gelecekte yapılacak olan, şimdide sürekli ve sıklıkla yapılandır.

Kabalist Rayah Kook

Zaman kavramı, hatta geçmiş ve geleceğin genel tanımı, sadece insanın akıl yürütme yollarından biridir. Üst dünyalara göre bu tanım, tamamıyla konu dışıdır. Öyleyse, Üst realiteye göre, olacak olan herhangi bir şey, şimdi olmadan tamamıyla gerçek dışıdır. Gerçekte, olacak olan şeyler şimdide gerçekleşir ve zamanın devamı Üst dünyalara göre konu dışıdır. Dolayısıyla, şöyle söyleyebiliriz "Olacak olan, zaten şimdidedir."

Her kim arzusunu ve hayatını, Yüceliğin Birliğine yaklaştırırsa ki bu, bizim dünyamızın üstündedir, zaman kavramının ötesinde, yükselişiyle aynı ölçüde -kesinlikle gelecekle şimdi arasında olmadan- zamandan bağımsız, inançlı bir insan olur.

Kabalist Rayah Kook

RUHLARIN ENKARNASYONU

Bizim dünyamızda, bedenlerin yenilendiği gibi yeni bir ruh değil fakat formun değişim döngüsünde yeniden dünyaya gelen belli bir sayıda ruh vardır, çünkü her seferinde bu ruhlar yeni bir bedende ve yeni bir nesilde dünyaya gelirler.

Baal HaSulam "Barış"

Erdemliğin İncileri

Her nesilde bedenlerin değiştiğini görmemize rağmen, bu sadece bedenlerle ilgili bir meseledir. Bedenin özü olan ruhlar kaybolmaz ve değişmezler ama bedenden bedene, kuşaktan, kuşağa dolaşırlar. Tufan zamanında olan ruhlar, Babil zamanında veya Mısır'dan sürgünde veya kurtuluşta tekrar tekrar bu kuşağa ve ıslahın sonuna gelene kadar dünyaya gelirler.

Baal HaSulam "Barış"

Yaratılışın başlangıcından, ıslahın sonuna kadar tüm nesiller, binlerce yıl süren hayatlarında, ruhları olması gerektiği gibi gelişip ıslah olana dek, tek bir nesil gibi olacaktır. Bu şekilde bedenlerini binlerce kez değiştirmiş olmaları gerçeği tamamıyla konu dışıdır, çünkü bedenin özüne "ruh" denir ve tüm bu değişimlerden etkilenmez.

Baal HaSulam "Barış"

Yaradan'ın Kamil İnsanın (Adam HaRişon) burnuna üflediği sonsuz yaşam ruhu, Bilgi Ağacı'nın günahı yüzünden ondan ayrılmıştır. Bu "Hayat korkusu" denilen yeni bir form oluşturmuştur, yani bütün olan Kamil İnsan, kuşaklar boyunca zamanın sonuna kadar, birçok küçük parçaya bölünmüştür.

Bu demektir ki, Yaradan'ın eyleminde bir değişiklik yoktur, fakat yine de burada ek bir form vardır. Kamil İnsanın burnuna üflenen bu ortak hayat Işığı, hayat döngüsünde birçok beden olarak, ıslahın sonuna kadar bir zincir gibi bedenden bedene uzayacaktır.

Baal HaSulam "Yüzün Nur'u Kitabına Giriş"

BAAL HASULAM'IN YÜCELİĞİ

Yaradan bana şöyle dedi: "Halkını buradan çıkar, onları Kutsallığın olduğu güzel topraklara götür, orada sen büyük bir bilge olacaksın ve tüm bilgeler, süregelen acılardan insanoğlunu kurtarması ve tüm nesiller içinde en bilge olarak seçtiğim için, seni kutsayacak. Bu kılıcı eline al ve onu tüm kalbinle ve ruhunla yönet, o seninle Ben'im aramda bir mühürdür, böylece iyi şeyler senin aracılığın ile gerçekleşecek çünkü bu zamana kadar kılıcımı verebileceğim senin gibi inançlı bir insana rastlamadım."

Baal HaSulam "Baal Hasulam'ın Maneviyatı"

Uzun zamandır, din, Musevîlik ve Kabala ilminin özüyle ilgili olarak bir temel oluşturmam ve bunu tüm nesillere yayarak, insanların bu yüce konuları gerçek anlamıyla öğrenmesini ve anlamasını sağlamam için, vicdanım bana bu sorumluluğu verdi.

Baal HaSulam "Hareket Zamanı"

Şunu kesin olarak biliyorum ki Arî zamanından bugüne kadar, Arî'nin bu metodunun özünü anlayan birisi olmamıştır. Bu metot, ilk duyandan, onu yazıya dökene ve son derleyicisine kadar birçokları tarafından ele alınmış, fakat tüm konulara tam anlamıyla vakıf olamadıkları için, her birinin kafası karışmış ve her şeyi birbirine dolaştırmışlardır, öyle ki Onun metodunu idrak etmek için, Arî'nin iki katı kadar yüce ve tanrısal bir akla sahip olmayı istemek daha kolaydır.

Benim iyi niteliklerimden dolayı değil, Yüce İrade istediği için, Arî'nin ruhuyla birleşme ödülü ile ödüllendirildim. Bu benim aklımın ötesindedir. O'nun ölümünden sonra bugüne kadar

Erdemliğin İncileri

kimse bununla ödüllendirilmemişken, bu muhteşem ruh için neden ben seçildim? Bu konuyu daha fazla uzatmayacağım çünkü bu mükemmellikten bahsetmek benim yöntemim değil.

Baal HaSulam "Bir Bilgenin Söyledikleri"

Tüm bunlardan sonra, Yaradan tarafından bunun için seçilmiş olduğumdan, tüm yöntemleri ve söylenenleri dikkatlice dinledim. Fakat onların içinde ne tatmin edici bir şey ne de insanları Yaradan'ın iradesine ulaştıracak kelimeler buldum ve ben sanki alay ediyormuşum gibi mutluluk ve neşeyle şükrederek bu yolda yürürken, Yaradan ve O'nun yarattıklarını karalayan, bu değersiz insanların arasında olmak istemedim.

Tüm bu meseleler beni yürekten etkiledi. Bu ilmin ve maneviyatın bilgisini edinmemi sağlaması, dünyanın bu ümitsiz insanlarına yardım edecek kelimeleri bulmam, onları ilmin derecelerinde yükseltmem ve benim gibi mutluluk hissetmelerini sağlamak için, yüce derecemden düşsem bile, Yaradan'a büyük bir istekte bulunmalıyım. Aynı zamanda biliyorum ki ruhumun huzurunu kaçırmamalıyım, beklemede kalmamalıyım ve kalbimi dua ile doldurmalıyım.

Baal HaSulam "Baal HaSulam'ın Maneviyatı"

Yaradan, her bir ruhun mümkün olan en hızlı şekilde köküne dönmesi ve her türlü kolay, güvenilir ıslahı ifşa etmem için, beni uygun buldu.

Baal HaSulam "Bir Bilgenin Söyledikleri"

Erdemliğin İncileri

Gerçeğin ilminin açılmasına izin verilen böyle bir nesilde doğduğum için şanslıyım. Bana şunu sormalısınız, "İzin verildiğini nerden biliyorum?" Size şöyle cevap veririm, bu ilmi açma izni bana verildi. Şimdiye kadar, halkın bu ilme bağlanmasını mümkün kılma ve her kelimeyi tam olarak açıklama izni, başka hiçbir bilgeye verilmedi. Ben de, diğer tüm öğrenciler gibi bunu açıklamamam için hocam tarafından yemin ettirildim. Ancak bu yemin ve yasaklama Peygamberler zamanından önce, bir nesilden diğerine sadece sözlü olarak aktarılarak, uygulanmıştır, çünkü bu halka ifşa olsaydı sadece bizim bildiğimiz sebeplerden dolayı büyük zarar gelecekti.

Gene de, kitaplarımda anlattıklarım, izin verilmiş şekliyledir. Dahası, hocam tarafından mümkün olduğunca bunu yaymam için görevlendirildim. Biz buna "meseleleri örten durum" diyoruz. Raşbi'nin yazılarında bunu "izin verme" olarak tanımladığını görürsünüz ve Yaradan'ın bana tam yetki verdiği durumda budur. Bu yetki, bilgenin yüceliğine bağlı olarak değil fakat neslin seviyesine göre verilmiştir, tıpkı bilgelerimizin şöyle söylediği gibi " Onun nesli değersizdi, fakat Küçük Samuel buna değerdi." Bu sebeple, neslim sebebiyle bu ilmi açmakla ödüllendirildim.

Baal HaSulam "Kabala Öğretisi ve Onun Özü"

Kim benden daha iyi bilebilir ki ben bu sırları açan yazar ve elçi olmaya ve kelimelerin derinliğini anlamaya, değer değilim. Neden Yaradan bana bunu yaptı? Bunun sebebi şudur, bizim neslimiz kurtuluşun tam eşiğinde olduğundan, buna değerdir. Bu sebeple, sırların ifşası olan Mesih'in Borusunun sesini duymaya başlamak önemlidir.

Baal HaSulam "Mesih'in Borusu"

Erdemliğin İncileri

Sebep sonuç ilişkisini ve kök ve dal konusunu, ilk yorumlayan benim. Dolayısıyla, eğer kişi benim açıklamalarımla meseleleri anlamaya gayret ederse, kişi şundan emin olur ki bu meseleler Zohar'da ve Tikkunim'de de vardır ve kişiye yardımcı olur, tıpkı kaynakların diğer anlatımlarının ve ilgili yorumların yardımcı olduğu gibi.

Baal HaSulam "Kabala Öğretisi ve Onun özü"

Genel olarak inanç kaybolduğundan, özellikle tüm nesillerdeki akıllı insanların inancı da azalmıştır. Kabala kitapları ve Zohar dünyasal hikâyeler içermektedir. Dolayısıyla, insanlar maddeselleşmeye yatkın olduklarından, kazandıklarından daha fazlasını kaybetmekten korkmaktadır. İşte bu beni Arî'nin yazılarına ve şimdi de Zohar'a uygun bir yorum oluşturma durumuna getirmiştir. Okuyucularımın göreceği üzere, tüm iansanlığın Zohar kitabını çalışması ve onun gizli Işığı ile aydınlanması için, her şeyi zaman ve yerin ötesinde, soyutluktan ve maddesellikten uzak olan manevî anlamını kanıtlamak ve açıkça anlatmak için, ben kendimi bu kaygıdan uzaklaştırdım.

Baal HaSulam "Zohar Kitabına Giriş"

Önümüzdeki tüm Zohar yorumları, Zohar'ın zor anlaşılır kısımlarının yüzde onunu bile aydınlatmaya yetmez. Netleştirilen çok az kısımda kullandıkları kelimeler, Zohar'ın kelimeleri kadar anlaşılması güçtür.

Bu nesilde, Sulam'ın ön sözü ile ödüllendirildik ki bu Zohar'ın tüm kelimelerinin tam bir açıklamasıdır. Böylece tüm Zohar'da anlaşılmamış bir yer bırakmaz, aynı zamanda açıklamalar orta seviyede bir öğrencinin anlayacağı şekilde, açık bir analize dayanır. Zohar bizim neslimizde ifşa olduğundan, şu açıktır ki son nesilin zamanındayız, bunun için şöyle söylenmiştir, "Tüm yeryüzü Kral'ın ihtişamını bilecek."

Baal HaSulam "Zohar'ın bitişi için Konuşma"

Karanlık ve gizlilik içinde olan bu nesilde, Yaradan'a ve hocama kutsal sözleri bizi aydınlattığı için şükran duyuyorum. Gizlilik ve ifşayı, Kudüs'te 1942 yılında bir bayram gecesinde, hocamdan duydum.

Eğer kişi kendini ıslah ederse, Malkut'un MAN de Nukva idrakı 7. yüzyıl olarak kabul edilir ve GAR olarak kabul edilen 10.yüzyıl ile ödüllendirilir. Böyle bir ruh, dünyaya her on nesilde bir defa gelir.

Tüm bu sözlerden, hem babam hem de hocam olan bu ruhun yüceliğini ve derecesini anlayabiliriz. Bana birçok defa şunu söylemiştir ki, içsel olarak kaynaklardanki kelimeleri edinmeden onunla ilgili bir kelime dahi söylememiştir.

Rabaş "Bir Bilgenin Söyledikleri Kitabına Giriş"

Baal HaSulam bize şu sözü vermiştir, O'nun yolundan gidip, talimatlarını izlersek, O'na tutunup O'nun sonsuzluğu ile ödüllendirilmiş olacağız.

Baal HaSulam "Bir Bilgenin Söyledikleri"

Erdemliğin İncileri

Yaradan'ın sözlerini Baal HaSulam'dan dinlemekle ödüllendirilsek bile yine de bir özgür seçim alanımız vardır. Dolayısıyla, bize birçok açıklama yapmış olmasına rağmen bu sadece bize, O'nun yolunda yardımsız yürümemiz için yapılan bir rehberliktir.

Baal HaSulam "Bir Bilgenin Söyledikleri"

Eğer sıradan bir insan Baal HaSulam'ın yolundan giderse, bu kişi bilge bir öğrenci gibi Yaradan'la bütünlüğe gelir. Baal HaSulam'dan önce kişinin Yaradan'la bütünlükle ödüllendirilmesi için, üstün bir bilge olması gerekiyordu. Baal Şem Tov'dan önce ise, dünyanın en üstün insanları arasında olması gerekiyordu, çünkü başka şekilde Tanrısallığı edinmek mümkün değildi.

Rabaş "Merdivenin Basamaklar"

Açıklamalarımda beni zorlayan şey, Arî'nin manevî bir saflıkla maddesel terimlerden kaçınarak, bize anlattığı on Sefirotu, açıklamaktır ki böylece yeni başlayan bir kişi, maddeselliğe ve yanlışa düşmeden bu ilme yaklaşabilsin. Bu on Sefirotu anlayarak, kişi ilmin diğer konularını da incelemeye ve anlamaya gelir.

Baal HaSulam "On Sefirot Çalışması"

Ben bu sözlerle, kendimi büyük bir dertten kurtarıyorum, çünkü bu ilmin kapalı konularını açmada, benden öncekilerden daha cesaretliyim. Bu bizi, on Sefirotun özüne ve onunla ilişkili olarak Yaşar Hozer, Pinimi, Makif'e ve Hakaa'nın ve Hizdahehut'un anlamına, getirir.

Erdemliğin İncileri

Benden önceki yazarlar, kelimeleri oraya buraya dağıtmışlar ve üstü kapalı olarak ima etmişlerdir ki böylece kişi onları bir araya getirmede başarısız olsun. Ben, üzerimde olan O'nun Işığı vasıtasıyla ve hocalarımın yardımıyla, onları bir araya getirdim ve meseleleri net bir şekilde ve manevî bir formda, yer ve zamanın ötesinde açtım.

Baal HaSulam "Yüzün Nur'u Kitabına Giriş"

Binlerce kilidin arkasında gizlenmiş Zohar Kitabındaki ilmin derinlikleri açılmıştır ve bizim söylediklerimiz bu kitapta başından sonuna kadar söylenenleri anlatmaya yeterli değildir. Ancak benim yaptığım yorumlar, kişinin kitaptaki kelimelerini anlamasına ve seviyesini yükseltmesine yardımcı olur. Dolayısıyla, okuyucuyu hazırlamak ve ona bir rota vermek için, kitabı nasıl çalışması gerektiği ile ilgili açıklamalar içeren, bir giriş yapmayı gerekli gördüm.

Baal HaSulam "Zohar Kitabına Giriş"

Bu ilme bağlanmada kesin bir koşul vardır; konuları hayali ve maddesel olarak düşünmemek. Bununla ilgili olarak şöyle derler, "Kendine bir put ya da onun gibi bir şey yaratma."

Böyle bir durumda yarardan çok zarar gelir. Bu bakımdan bilgelerimiz ilmi 40 yaşından sonra veya bir hocayla beraber çalışılması için bizi uyardılar. Tüm bunlar mantık ötesi çalışmadır.

Okuyucuları maddîleşmekten kurtarmak için, Arî'nin On Sefira Çalışması Kitabını tekrar düzenledim.

Baal HaSulam "On Sefira Çalışması"

Erdemliğin İncileri

Açıkça söylemeliyim ki bu ön sözle, öğrencilere bu muhteşem ilmin öneminin genel ve gerçek bilgisini vermek ve Hayat Ağacı kitabının çalışma şekliyle ilgili doğru yönlendirmeyi yapmak istiyorum. Birçok öğrenci konuları anlamada başarısız olmuştur, çünkü manevî meseleler zaman ve yerin ötesinde olmasına rağmen, maddesel terimlerle ve yer ve zamanı anlatan tanımlarla ifade edilmiştir.

Buna ilâve olarak, Arî'nin yazılarında yeni başlayanlar için bir sıralama yoktur. Kitaplarını, her gün öğrencileriyle paylaştığı kutsal kelimelerle düzenlenmiştir ve öğrencileri gerçeğin ilminde bu şekilde ustalık kazanmışlardır. Dolayısıyla, yazılan tüm kitaplarda uzun veya kısa tek bir bölüm yoktur ki ustalık gerektirmesin. Bu nedenle ilk başlayan öğrenciler sıkılır ve konuları birbirine bağlayamaz.

Ancak, ben bu ön söz ile konuları birbirine bağladım ve ilmin temelini az ve öz bir şekilde anlattım böylece öğrenci çalışmak istediği yazılarından hangisi çalışmak isterse, hepsi ona uygun olacaktır.

Baal HaSulam "Yüzün Nur'u kitabına Genel Önsöz"

BU KİTAPTA ADI GEÇEN KABALİSTLER

Kabalist İbrahim Eben Ezra (1089-1164)

İspanya'nın en büyük bilgelerindendir. Tüm hayatını gezerek geçirmiştir. Değişik konularda düzinelerce makale yazmıştır: Şiir, gramer, tefsir, astroloji gibi. Bu kitaplar arasında Korkunun Temeli, Sayı, Başlangıç, Berrak Dil, İlmin Başlangıcı vardır.

Kabalist İbrahim Ben Mordehay Azulai (1570-1644)

Ailesi, 1542 yılında İspanya'dan Fas'a sürülen bir kabalisttir ve Hebron'da ölmüştür. Birçok Kabala kitabı yazmıştır. Bunlardan bazıları şunlardır: Güneşin Işığı, İbrahim'e Merhamet, Güneşin Nuru.

Kabalist İbrahim İsak HaKohen Kook (1865-1935)

Son yüzyılda gelmiş en büyük bilgelerin arasındadır.

Kook, saklı ilmin çalışmasını desteklemiştir ve kendisi Baal HaSulam'ın arkadaşlarından biridir.

Kitapları: Kutsallığın Işıkları, Maneviyatın Işıkları, Tövbenin Işıkları ve sayısız diğer kitaplar.

Kabalist İlyas (1720-1797)

Bütün hayatı boyunca Vilna'da yaşamıştır. En büyük bilgelerden biridir ve özellikle fen ilminde oldukça bilgiliydi. Hz

Musa'nın kitapları ve peygamberlerin yazıları dahil yetmişten fazla kitap derlemiştir ki bunlar açık ve basit anlatımlarıyla dikkat çekmiştir.

Kabalist Baruh İbrahimoğlu (...-1792)

Polonyalı bilgelerdendir. İki Kabala kitabı vardır: Çalışmanın Çatısı, İnancın Yapısı.

Kabalist Baruh Şalom Aşlag, Rabaş (1907-1991)

Baal HaSulam'ın en büyük oğlu ve takipçisidir. Dokuz yaşından sonra babasıyla çalışmaya başlamış, ona seyahatlerinde eşlik etmiştir.

Babasıyla uzun yıllar Kabala çalışmıştır ve daha sonra öğretmeye başlamıştır. Babasından sonra grubun öğretmeni olmuştur. Rabaş, hayatını Baal HaSulam'ın bu eşsiz yolunu öğretmeye ve halka aktarmaya adamıştır.

Ölümünden sonra, kendi öğrencisi ve takipçisi Kabalist Michael Laitman'a, babasının sözlerini derlediği defterini ona bırakmıştır. Bu sözler Şamati (Duydum) adı altında kitap haline getirilmiştir. Laitman tarafından kurulan, Bnei Baruch (Baruch'un Oğulları) grubu bu ilmi yaymayı amaçlamıştır.

Volozhinli Kabalist Haim Ben İsak (1749-1821)

En büyük Kabalistlerden Vilna Gaon'un öğrencilerinden biridir. Kitapları şunlardır: Hayatın Ruhu, Hayatın Özü, Ataların Bilimi.

Kabalist Haim Davud Yusuf Azulai "HaHida" (1724-1806)

Kudüs'te doğmuştur ve Livorno'da ölmüştür. Kabalist, tarihçi ve biblografya uzmanıdır. Hayatı boyunca seyahat etmiştir.

HaHida hoca olarak Mısır'da beş yıl geçirmiş ve Türkiye, Yunanistan, İtalya, Fransa, İngiltere ve Almanya'da bulunmuştur. Dolaştığı her yerde kadim belgeleri araştırmış ve önemli detayları kopyalayıp İyi Çember adlı günlüğüne almıştır. Kitapları şunlardır: Yusuf'un Duası, Bereketi Almak ve Yusuf'un Cesareti.

Kabalist Haim Vital (1543-1620)

Ari'ni takipçisi ve yakın öğrencisi olan büyük bir Kabalisttir.

Safed'de doğup, Şam'da ölmüştür. Ari'ni 1570'de Safed'e gelmesiyle onun büyüklüğünü ve metodunun eşsizliğini fark etmiş ve onun yakın örencisi olmuş ve bir buçuk yıl boyunca Ari'nin sözlerini yazıya dökmüştür.

1572 yılında ölümünden önce Ari, Haim Vital hariç, tüm öğrencilerinden, öğrettiklerini unutmalarını istemiştir. Onun özel metodunu çalışma izni yalnız Haim Vital'e verilmiştir. Ölümünden sonra kendi arzusu bu olduğundan, yazıları saklanmış ve yakılmıştır. Fakat daha sonra aile bireyleri tarafından yazılar, mezardan çıkartılmış ve yayınlanmıştır.

En bilinen kitabı Ari'nin metodunu anlatan Hayat Ağacı'dır. Diğerleri ise şunlardır: Reenkarnasyonun Kapıları, Hayatın Hazinelerinin Kitabı, Dört Yüz Lira.

Kabalist Yehuda Aşlag Baal HaSulam (1884-1954)

Baal HaSulam, Zohar Kitabına yazdığı tefsir ile mükemmele erişmenin yolunu göstermiştir. Polonya'da doğmuş ve Kloshin ve Porsov tarafından eğitilmiştir. 1921 de İsrail'e göç etmiştir ve tüm hayatını Kabala'yı anlatmaya ve yaymaya adamıştır.

Kabala çalışmasında yeni bir metot geliştirmiştir. On Sefirot Çalışması kitabında, Ari'nin yazılarını açıklamıştır.

1933 yılında Yaradan'ın İfşası makalesini yayınlamıştır. Baal HaSulam, öğrencilere Kabala metinlerini daha iyi çalışabilmeleri için bir seri başlangıç yazısı düzenlemiştir. Bunlar şudur: Zohar Kitabına Giriş, On Sefirot Çalışmasına Giriş, Yüzün Nuru, Parlak Işık ve Bir Bilgenin Söyledikleri.

Kabalist Yusuf Elazar Rosenfeld (...-1915)

Polonya'dan bir bilgedir. Kitapları şunlardır: Zaferin Tacı ve Havot Yair.

Kabalist Yakup Tzemah

Kabalist Haim Vital'in oğludur. Lizbon'da doğup, Kudüs'e göç etmiştir. Kitapları: Ramah'ın Sesi, Bir Lider ve Komutan.

Kabalist İsak Yehuda Yehiel Safrin (1806-1874)

Saklı ve edebi Işığın engin bilgisine sahiptir. Kitapları şunlardır: Cennetin Ağaçları, Yaşayan Parlaklık, Senin Emirlerinin Yolu.

Kabalist İsak Ben Tzvi Aşkenazi (...-1806)

En bilinen kitabı Kutsallığın Saflığı'nda Kabala ilmindeki derin bilgisini ispatlamıştır.

Kabalist İsak Luria Eşkenazi Ari (1534-1572)

Ari, "Luriak metodu" denilen yeni bir çalışma anlayışını oluşturmuştur. Kudüs'te doğmuştur. Küçük yaşta babasını kaybettikten sonra annesiyle Mısır'a gelmiş ve orada Kabala çalışmıştır. Yedi yıl boyunca Zohar Kitabını çalışmak için inzivaya çekilmiştir.

1570 yılında Safed'e gelmiştir. Tüm diğer kabalistler, yaşlısından gencine kadar hepsi onun metodunun yüceliğini ve eşsizliğini anlamış ve onun öğrencisi olmak istemişlerdir. Fakat o bazılarını geri çevirmiştir. Ölmeden önce öğrencilerine metodunun prensipleri öğretmiştir. Öğrencilerinden sadece Haim Vital onun metodunu öğretme izni almıştır, çünkü tam anlamıyla metodu anlayan tek kişidir.

Ari öğrencilerine sözlü olarak öğretmiş, arkasından hiçbir not bırakmamıştır. Yine de Haim Vital, onun sözlerini düzenleyip, Hayat Ağacı ve Ari'ye Sekiz Kapı kitaplarını hazırlamıştır.

Kabalist Baal Şem Tov(1698-1760)

Hasidik hareketin kurucusudur ve Polonya'da doğmuştur. Anne ve babası o gençken vefat etmiştir. Gençliğinde inzivaya çekilip Kabala çalışmıştır. Polonya'ya dolaşıp hayat amaçlarını arayan insanları bir araya getirip, onlara maneviyatı nasıl edineceklerini öğretmiş ve onların yardımıyla Hasidik hareketini oluşturmuştur.

Eşsiz ve karizmatik kişiliğiyle yeni bir lider özelliği göstermiştir. Aynı zamanda, liderlik ve etrafında onun sözünü dinleyen bir grup, modelini de oluşturmuştur.

Onun sözleri birçok kitapta yer bulmuştur. Bunlar şunlardır: Gözleri Açmak, Ribash'ın Arzusu.

Kabalist Menahem Mendel (1787-1859)

Polonya'da doğmuştur. Genç yaştan itibaren dersler almıştır.

Kabala yaklaşımında keskin dili ile bilinir. Maneviyatla ilgili çalışmada ciddî ve gerçek bir yaklaşım bekler.

Onun birçok öğrencisi Doğu Avrupa'da onun eşsiz yolunu devam ettirmişlerdir. 1870 yılında kendini izole etmiş, öğrencileriyle bile görüşmek istememiştir. Onun keskin diliyle ilgili birçok kitap yazılmıştır."Kırılmış kalp gibisi yoktur." Sözü bu keskin diline örnektir.

Kabalist Menahem Nahum Tversky (1730-1798)

Litvanya'da eğitim görmüştür. Ari'nin öğretilerinden etkilenmiştir. Baal Şem Tov'un öğrencisidir. Kitapları: Gözlerin Işığı, Bırakın Kalp Sevinsin.

Kabalist Musa Ben Maimon Rambam (1138-1204)

Bir lider ve fizikçi olarak orta çağın filozoflarındandır. İspanya'da doğmuş, daha sonra Kuzey Afrika'ya yerleşmiştir.

Yaradan'ın Kutsaması adlı kitabını yazdıktan sonra, orayı terk etmeye zorlanmış ve İsrail'e gelmiştir.

Ülkedeki zor koşullar nedeniyle Mısır'a gelmiş ve danışman olarak hizmet etmiştir.

Derlediği yazılar şunlardır: Putperestliğin Kanunları, Kanunlara Cevap.

Kabalist Musa Haim Efraim (1748-1800)

Baal Şem Tov'un torunudur ve Kabalist Sadilkov olarak bilinir. Büyükbabasıyla beraber çalışmıştır. Baal Şem Tov'un sözlerini açıkladığı kitabı şudur: Efraim'in Kampının Bayrağı.

Kabalist Musa Haim Luzato Ramhal (1707-1747)

Tanınmış ve büyük Kabalistlerdendir. İtalya'da doğmuş ve genç yaştan itibaren derin bir çalışma içinde olmuştur.

On dört yaşında Arî'nin yazılarının bütününü idrak etmiştir. On yedi yaşında ilk kitabını yazmıştır. 1743 de İsrail'e göç etmiş ve tüm ailesi ile birlikte vebadan ölmüştür. Kırka yakın kitap derlemiştir. Bunlardan bazıları şunlardır: Bilginin ve İlmin Kapılarının Kuralları ve Yüksekteki Aziz.

Kabalist Musa Kordovero Ramak (1522-1570)

Uzun yıllar Safed'de yaşamıştır.

Yirmi yaşında ilk kitabı Nar Bahçesi'ni yazmıştır. Ari'nin Safed'e gelmesinden önce en büyük kabalist olarak biliniyordu.

Birçok kitabı vardır en bilineni Kıymetli Işık'tır. Diğerleri şöyledir: Akşam Işığı, Sürgün Kitabı, Yüce Ilima'nın Kitabı.

Kabalist Nahman (1772-1810)

Baal Şem Tov'un torunudur. 1798'de İsrail'e göç etmiş, fakat Napolyon savaşları sebebiyle Ukrayna'ya geri dönmüştür. Derlediği yazılar şunlardır: Nahman'ın Konuşmaları ve Nahman Hocanın derledikleri.

Kabalist Pinhas Eliyahu Ben Meir(..-1802)

Ahit'in Kitabı'nı derlemiştir. Aynı zamanda İyinin Emirleri ve Yaratılış Kitabı'nı da derlemiştir.

Kabalist Tzvi Hirsh Eichenstein (1763-1831)

İfşa olan Işık ve gizli yazıları çok iyi idrak etmiştir. Zohar'ın tefsiri olan Zaferin Tacı, Kötülükten arınıp İyilik Yapmak kitaplarından bazılarıdır.

Kabalist Şalom Ben Musa Buzzaglo(...-1780)

Fas'tan çok bilinen bir Kabalisttir. Kabalist Azulai'nin öğrencisidir. Birçok kitap derlemiştir. Bunlardan bazıları şunlardır: Kral'ın Tahtı, Tikkunim'in tefsiri, Kral'ın Tapınağı.

Kabalist Simha Bonim (1767-1827)

Vadislav'da doğmuştur. Gençliğinde Kabalist Mordehai Bennett'le çalışmıştır. Hasidut yolunu takip etmiştir. Öğretileri öğrencilerinin kitaplarında yer almıştır.

Kabalist Şimon Ben Lavi (1488-1588)

İspanya'da doğmuş 1492de ailesi ile beraber sürgün edilmiştir. Önce Portekiz'e oradan Fas'a daha sonra da Tripoli'ye yerleşmiştir. Raşbi ile ilgili şiirler derlemiştir.

Kabalist Şimon Bar Yohay, Raşbi

Kabalist Akiva'nın en meşhur öğrencilerindendir. Kabalist Akiva tarafından, gelecek nesillere Kabala'yı öğretmesi için görevlendirilmiştir. Akiva'dan sonra, hükümet kendisini bir tehdit olarak görmüştür, bu sebeple Peki'in de bir mağarada oğlu Elazar'la beraber on üç yıl geçirmiştir.

Mağaradaki sürgünden sonra, dokuz öğrencisini bir araya getirmiş, Meron'da bir mağarada onların yardımıyla Zohar Kitabı'nı yazmıştır. Öğrencisi Abba yazıya dökme görevini üstlenmiştir. Gelecek nesiller için yazıldığından, Zohar, bittikten sonra saklanmıştır.

Zohar Kitabı özel bir dille, Aramik diliyle yazılmıştır. Zohar, Kabala İlminin temelini oluşturur. Maneviyatı edinmede açık ve formüle edilmiş bir metot sunar. Kabalist Ashlag'ın Zohar tefsiri zamanımızda çalışılmaktadır.

Kabalist Şimon Bar Tzemah Duran, Raşbatz (1361-1444)

Kendisi bir fizikçi, şair ve Kabalisttir. İspanya'da yaşamış ve Cezayir'e yerleşmiştir. Birçok kitap derlemiştir.

Kabalist Şıneier Zamlan (1745-1813)

Rusya ve Fransa savaşı zamanında öğrencilerine Rusya'yı desteklemelerini istemiştir. Bugünde kullanılan Habad Hassidim kanunları kitabını derlemiştir.

KABALA İLE İLGİLİ YAZAN ARAŞTIRMACILAR VE FİLOZOFLAR

JOHANNES REUCHLIN (1455-1522)

Reuchlin Alman bir hümanist, bilim adamı ve eski diller uzmanıdır. (Lâtince, Yunanca ve İbranîce)

"Felsefenin babası hocam Pisagor, bu öğretileri Yunanlılardan değil, daha ziyade Kabalistlerden almıştır. Dolayısıyla ona "bir Kabalist" demeliyiz, aynı zamanda Yunanlıların bilmediği 'Kabala' adını ilk kullanan kişidir."

"Pisagor'un felsefesi Kabala'nın engin denizinden yayılmıştır."

"Kabala, hayatımızı sadece yeryüzünde yaşamamıza izin vermez, daha ziyade varlığın en yüksek amacına bizi yükseltir."

GIOVANNI PICO DELLA MIRANDOLA (1463-1494)

İtalyan bir bilim adamı ve filozoftur. Mirandola, Kabala'yı, İncil'i ve Kuran'ı kendi dillerinde okuyarak araştırmıştır.

"Tanrısal gelenekte, Musa'ya verilen kanunların gerçek yorumuna Kabala denir ki, bunun bizim için anlamı almaktır."

"Bütünde iki tane bilim vardır: bir tanesi birleştirme sanatıdır ve bilimdeki ilerlemenin ölçüsüdür. Diğeri ise yüksek olan güçleri inceler. İbranîler ikisine de Kabala adını verirler."

PAULUS RICIUS (1470-1541)

Avusturya'nın Pavia Üniversitesinde felsefe Profesörü ve fizikçidir. Alman Kralı, Kutsal Roma İmparatorunun ve Macar Kralının kişisel danışmanı olmuştur.

"İnsan sırlarının ve maneviyatın, yorumlama yeteneğine Kabala denir."

"Kutsal yazıların yalın anlamı, zaman ve yer olgusunu ileri sürer. Kabalistik yaklaşım ise zamandan ve yerden bağımsız olarak yüzyıllarca devam eder."

PHILIPPUS AUREOLOUS PARACELCUS (1493-1541)

Alman-İsveç fizikçisi ve simyacısıdır. İlâç kimyasında önemli bir rolü vardır. Modern bilimin kurucularındandır.

"Gizli Kabala'yı öğren, çünkü her şeyi o açıklar."

CHRİSTIAN KONRAD SPRENGEL (1750-1816)

Alman botanikçidir ve bugün de hala kabul edilen bitkilerdeki döllenme çalışmasıyla tanınır.

"İlk insan olan Âdem, Kabala'ya aşinaydı. Âdem, her şeyin özelliğini biliyordu ve bu sebeple hayvanlara kendi doğalarını en iyi anlatan adları verdi."

RAYMUNDUS LULLUS (1235-1315)

Lullus, varlıklı bir İspanyol ailenin oğlu olarak dünyaya gelmiş, yazar ve filozoftur. Kral Aragon'un eğitimcisi olmuştur.

"Yaratılış ya da dil, ikisi de Kabala ilminde eşit ağırlığa sahiptir. Çünkü yaratılış veya dil, her şeyin yasasının köküdür, şu açıktır ki Kabala ilmi tüm bilimlere hükmeder."

"Teoloji, felsefe ve matematik gibi bilimler köklerini ve prensiplerini Kabala'dan almıştır. Dahası tüm bilimler, bu ilmin prensiplerine ve kurallarına bağlıdır ve bilimin kanıtlama yöntemleri Kabala olmadan eksiktir."

GIORDANO BRUNO (1548-1600)

İtalyan filozof, astrolog, matematikçi ve okülisttir. Onun teorileri modern bilimi oluşturmuştur. Bu teorilerden bazıları, sonsuz evren teorisi ve dünyaların çeşitliliğidir ki, yermerkezli geleneksel teoriyi ret etmiştir. Bruno kazığa bağlanarak ölmüştür. Kendi inançlarının kurbanıdır, çünkü Ortodoks inançlarına ters düşmüştür.

"Kabala önce en yüksek ilkeye tarifsiz bir ad verir: bu şekilde, tüm türlere hükmeden güçler Tanrı, melek, sebep ve güç isimlerini alır. Şu ortaya çıkmıştır ki tüm maneviyat, özgürce parlayan bir ışık gibi tek kaynağa bağlanır ve sayısız değişik aynaya bölünerek, bireysel nesnelere dönüşen görüntüleri oluşturur ve tüm bu görüntülerin hepsi en yüce ilkeye geri döner yani tüm görüntülerin kaynağına."

GOTTFRIED WILHELM LEIBNITZ (1446-1716)

Alman bir filozof, matematikçidir.1661 de Leipzig Üniversitesine bir hukuk öğrencisi olarak girmiştir. 1666 da Birleştirme Sanatı Üzerine adlı kitabını yazmıştır ki modern bilgisayarın atası olan, bir model formüle etmiştir.

"İnsanların gizli olanı açacak doğru anahtarı olmadığından, bilgiye duydukları susuzluk, onları sihir adı altında gerçek Kabala ile hiç ilgisi olmayan bir çeşit bayağı bir Kabala yaratmalarına sebep olmuştur."

FREIDRICH VON SCHLEGEL (1772-1829)

Alman yazar ve filozoftur. Goethe'nin çağdaşıdır. Schlegel erken Alman Romantik Hareketinden etkilenmiştir.

"Gerçek estetik kabala'dır."

JOHANN WOLFGANG VON GOETHE (1749-1832)

Alman ekolünün en tanınan yazarıdır. Alman Romantik dönemi, Goethe'nin dönemi olarak bilinir. Aynı zamanda şiir ve roman yazmış, sanat ve edebiyatta bir teorisyen ve eleştirmen olmuştur. Hayatının son otuz yılında Alman kültürünün ikonu olmuştur.

"İncil'in kabalistik değerlendirmesi bizi, içeriğiyle ölçülemez olan muhteşem benzemezliğe, çeşitliliğe ve bağımsızlığa ulaştırır."

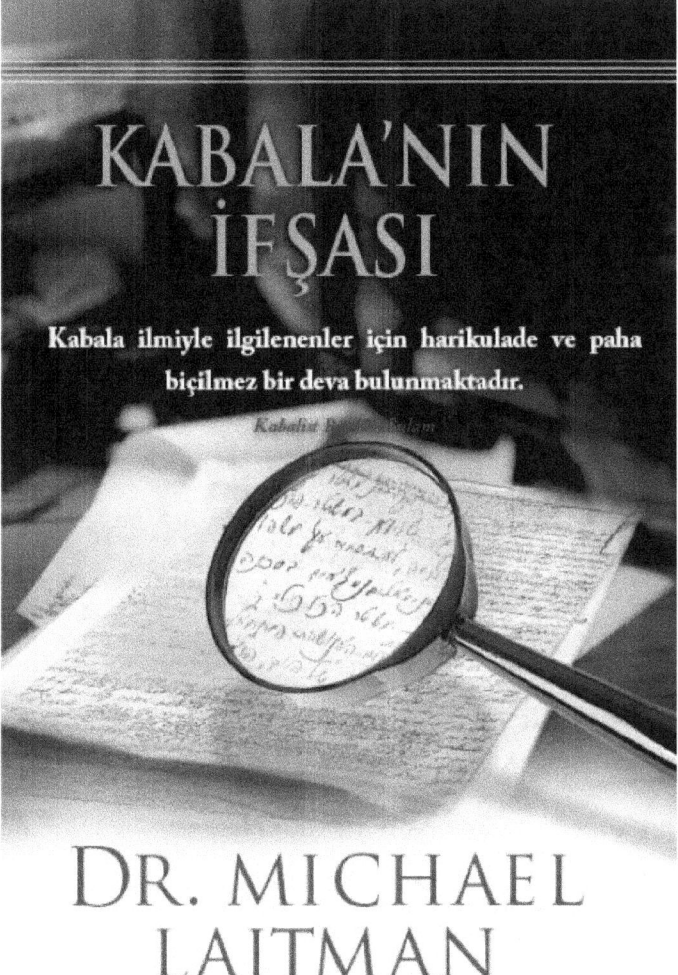

ONLİNE KABALA KURSLARI

Bney Baruh Kabala Eğitim Merkezi'nin misyonu, İnternet üzerinden dünyanın her bir yanındaki insanlara otantik Kabala konusunda yüksek kaliteli eğitim olanakları sağlamaktır.

http://em.kabala.info.tr/

www.ingramcontent.com/pod-product-compliance
Lightning Source LLC
Chambersburg PA
CBHW071230080526
44587CB00013BA/1556